# 比知识更重要的是想象力

[德]恩斯特·彼得·费舍尔 ◎ 著

陈韵雅 ◎ 译

海南出版社

·海口·

»Noch wichtiger als das Wissen ist die Phantasie«: Die 50 besten Erkenntnisse
der Wissenschaft von Galilei bis Einstein
by Ernst Peter Fischer
Copyright © 2016 Penguin Verlag,
a division of Penguin Random House Verlagsgruppe GmbH, München,Germany

图书在版编目（CIP）数据

版权合同登记号：图字：30-2024-097 号

比知识更重要的是想象力 / (德) 恩斯特·彼得·费

舍尔 (Ernst Peter Fischer) 著；陈韵雅译. -- 海口：

海南出版社，2025. 5. -- ISBN 978-7-5730-2319-3

Ⅰ . Z228

中国国家版本馆 CIP 数据核字第 2025TN5398 号

# 比知识更重要的是想象力

BI ZHISHI GENG ZHONGYAO DE SHI XIANGXIANG LI

作　　者：〔德〕恩斯特·彼得·费舍尔
译　　者：陈韵雅
责任编辑：廖畅畅
策划编辑：李继勇
责任印制：郄亚楠
印刷装订：河北盛世彩捷印刷有限公司
读者服务：张西贝佳
出版发行：海南出版社
总社地址：海口市金盘开发区建设三横路 2 号
邮　　编：570216
北京地址：北京市朝阳区黄厂路 3 号院 7 号楼 101 室
电　　话：0898-66812392　010-87336670
电子邮箱：hnbook@263.net
经　　销：全国新华书店
版　　次：2025 年 5 月第 1 版
印　　次：2025 年 5 月第 1 次印刷
开　　本：880 mm×1 230 mm　1/32
印　　张：7.5
字　　数：150 千
书　　号：ISBN 978-7-5730-2319-3
定　　价：45.00 元

# 目 录
## Contents

## 科学之王

## 生命是什么

## ▓▓ 想象的翅膀

# 引言

## 科学家的智慧

"想象力比知识更重要,因为知识是有限的,而想象力则可以囊括整个世界。"这个洞见精准地契合了爱因斯坦异于常人的伟大形象,同时也间接为本书提供了书名。尽管没有人能明确指出这句话是爱因斯坦于何时何地说的,但大多数人依然很赞同这个观点。那些各个时代中的伟大的头脑,那些不仅为人类知识的大厦添砖加瓦,同时还不忘为这些知识添上想象的翅膀的人,将在这本书中发声。在他们那些受到同时代人景仰的智慧中,想象力也是其中之一。

如果一个好奇心强的现代人——即生物学家口中的"进阶到'智慧人类'这一阶段的物种",在维基百科这本庞大的百科全书中搜索过受教育者对"智慧"一词的理解,他们首先看到的肯定是"年长男人的智慧"或者"来自古中国的智慧"这一类词条。很明显,这些词条是根据某人的出身和籍贯来划分的。好奇的人就会问了,为什么没有女人?近现代东方人和年轻人又去哪儿了?为什么西方世界没有露脸？如果同一个人用同一种方式在同一台电脑上用亚马逊查找，在搜索栏输入"智慧"一词，出现的大多是"马的智慧""印第安人的智慧""图阿雷格人的智慧""佛教徒的智慧"这类词条，再次令人震惊的是，所有这些词条里都没有出现"科学"这一概念。甚至"智齿"都能在此找到一席之地——而它原本仅是波斯人晚生的牙齿罢了。之后它被转译为拉丁语的"dentes intellectus"，即智慧的牙齿。人们觉得只有拥有智齿的人才能咬住智慧的匙子，并用这种强有力的牙齿将它咬碎，从而获得智慧。

"智慧"一词从字面上看似乎跟年龄有些关系，因此，人们可能必须等到一个人生命将尽时，才会去评判他的智慧和才华——尽管这件事我们可能在青年时代就已经在做了。我上学时经常听到有人劝诫我们要耐心冷静。那时候我的一位哲学老师认为在进入男女同校的学校之前，孩子们就应该被培养出分辨聪明的言论和智慧的言论的能力。比如卡尔·马克思的一句评论就属于"聪明话"，这句话的大意是：哲学家不断努力想要达到的目的是去理解这个世界，然而在现实世界里，重要的是去改变这个世界。而这位老师则将下面这句带有些许讽刺意味的论断归入了"智慧"的行列：马克思的所有努力都是没有必要的，因为这个世界从来没有停止过改变，尤其是从人类登上历史舞台以来。我们不需要什么特殊学者来改变这个世界。相反，我们需要的是理解这个世界的人，或者，如那位老师所说——是那些能够坚持一种原则的人，即在着手改变这个世界前，先努力去理解它（尽管这样做可能会损害自己的利益，甚至有性命之忧）。

另外一个以试图理解这个世界而著名的人物就是阿尔伯特·爱因斯坦。他的一句名言经常在小学课堂里被引用：智慧不是教育的产物，只有通过毕生不懈地追求和尝试，人们才能得到它。而那些孩子则坐在课桌椅上静静地思考：爱因斯坦所说的"它"究竟是指教育，还是指智慧呢？

无论如何，在这句名言中有一点是明确的——那就是智慧，或者为了再次让大家注意到这本书的标题，我们也可以将其称为洞见——它是需要时间积淀的，在后者不断流逝的同时，人们才能更加全面彻底地发现和理解智慧。值得注意的是，很多受西方文化浸淫的人会向东方寻求智慧。这一点可以从书店里单辟出的书架上放置的那些书看出来，同时也可以从近期出版的《物理之道》以及《爱之道》这两本书中看出来。谁要是在搜索引擎中输入"东方的智慧"一词，肯定会对满屏的标题目瞪口呆，因为它们大多与佛教有关。要是有人搜索"西方的智慧"，他很可能所获甚少；或者他搜索"西方的智慧头脑"，得到的是"原始人的智慧"，而搜索"西方人的日常"，得到的却是"远东的学说"。

渐渐地，欧洲人开始觉得束手无策，甚至是有些愤懑了。东方人聪明的头脑真的比他们的西方竞争者们——那些注重事实的人，拥有更多的智慧吗？为什么人们会将"说话的时候，你仅仅在重复你所知，而倾听的时候，你可能会获得新知"这句话称为智慧？这句话可能根本不算智慧，甚至都谈不上正确，但是那些了解欧洲文学的人就会说这样的话，海因里希·冯·克莱斯特就曾说过类似的话。他曾研究过演讲时演讲者想法逐渐成形的过程，最后他指出，人们在一个句子开头时根本就不知道最后会说出什么来。人们在说话的过程中认识自己。这就带来一个问题，为什么在西方没有人把这句话当成智慧宣扬出来？是因为这句话对西方这些偏爱简单知识的人来说太难了吗？

人们还可以更进一步问道：为什么当佛教徒努力减少痛苦、增加幸福时，我们这儿受过教育的公民都赞扬他，而同样是这群人，却对西方科学家用不同方式表述的同一道理，即通过知识来装点世界，通过生存环境的改善来减少人类的痛苦，表现得无比冷漠？

当然也有人从西方科学的洞见中获取那些深埋其中的智慧，并且完好地保存了自己的想象力。这本书则试图介绍这些伟大头脑和拥有前文所述特性的研究者中的一部分。书中只会原样呈现他们的见解而不会提供任何细致的解读。幽默与智慧犹如芝兰，只能让它自己发挥作用，而不能去解释它，否则它就会被稀释甚至会腐坏。对此，读者可能会很好奇那些说出如此智慧言论的人的生平。本书的生平附录或许可以为你提供有关智者的信息。或许这些文字还能激发起更多人对科学的热情。不管这种科学是西方的还是东方的，它们都属于全人类，并且都值得我们努力去了解和探索。

# 遥望星空

## 天文学和物理学的发现

# 01　充分发挥你的天赋

伽利略·伽利雷

（1564—1642 年）

> 我无法认同这样一种信仰：那位赋予我们感官、理智与理性的上帝，竟会要求我们弃置不用这些天赋。

科学洞见

很少有科学家能拥有伽利略这个意大利人这么大的名声，而拥有他那种专业能力、客观眼光以及张扬举止和激烈态度的人可能就更少了。这些特质同时也显现出他极度爱出风头的性格。伽利略首先在新学说和新发现的提出方面成绩斐然。如今他是脱口秀节目最受欢迎的话题人物，那些嘉宾滔滔不绝又自以为是地对上帝和尘世妄加评论，好像他们对所有的一切都有更深刻的理解一样。

可能正是因为伽利略这种人性的特征吸引了布莱希特，才使得这位诗人下定决心在 20 世纪前半叶写一部关于伽利略生平的戏剧。布莱希特作品中的伽利略一方面是一个狂热的科学家，"他像一个热恋中的人，像一个醉酒者"一样咆哮着喊出他的经历；同时又展现出自己强烈的渴望，"我有时候会想：如果我想体验什么是光明的话，我会把自己关在地下 10 寻[1]的地牢里，那儿一丝光也透不进去"。

另一方面，这位德国诗人在他的戏剧中塑造了一个咄咄逼人、充满挑衅意味的伽利略。他与庸众的愚钝做抗争，并且在高昂的情绪下表示，无论如何不会原谅这些人——"他们没做任何调查却还喋喋不休"。

听到伽利略·伽利雷这个名字时，人们可能首先会想到天主教堂与科学研究者的水火不容，甚至会想到顽固的宗教法庭迫害伽利略并迫使他放弃自己学说时所使用的那些手段是如此卑鄙残忍。只有在回顾完他人生中这段悲剧经历后，人们才会突然意识到，伽

---

[1] 古时候的一种长度单位，其长度因时因地而不同，一般认为 1 寻约为 2.7 米。

利略首先是一个物理学家和天文学家，他颠覆了人们对天体运行和天体外观的认识。伽利略同时也是第一个不单纯依靠肉眼来观测天体的天文学家。他在 1609 年设计制造出的新式望远镜，为此后科学界乃至整个人类社会对宇宙的观察和认识提供了一种更加广阔的视角。

在天文望远镜出现之前，伽利略一直致力于研究地球内部物质及其运行的物理规则——这从他对悬挂的枝状吊灯以及自由落体或漂浮物体运动轨迹的研究中可见一斑。在多次尝试自己设计和制造实验仪器后，伽利略开始寻求一种特定的"语言"，以便更好地理解他通过认真观察及精确测量而得到的数据。在他看来，数学就为人类提供了这种语言，即数学公式和数学方程式。伽利略甚至将这一想法作为科学信条写入了 1623 年完成的《试金者》一书中。现代科学直到今天仍然与这种信条息息相关，尽管这一信条在很多领域——尤其是生命科学领域并不总是适用，而且有时候甚至需要对它进行彻底考察。"要想理解自然之书，人们必须首先学会这本书所使用的语言和文字。它是用数学语言写成的，而所用文字则是三角形、圆形等几何图形。如果不借助这些工具，人类是无法理解其中含义的。"

换句话说，就像伽利略公开宣布的那个信念一样："上帝是一个数学家。"很多听众直到今天还是很推崇这句话，以至于没人意识到伽利略在这句话中所表现出的自高自大。这句话用现在的话来说意思就是，在类似于小球和其他物体的自由落体这种物体运动中，有着可以用数学来理解的自然法则，而他伽利略则一直孜孜不倦地致力于对这一公理的研究，可惜没有成功。伽利略并没有为他上面所说的那句话提供任何强有力的证据支撑，直到 17 世纪末科学家才提出了相关的可信证据。

一句话，伽利略关于数学的论述很符合他一直以来的愿望，并且其大胆新奇的视角也为世人所称赞，但是这种视角却与彼时的科学成果脱了节。这种现实与期待之间的矛盾最终将我们的英雄置于与教堂的危险冲突中，因为那时的教堂仍然依靠直觉来认识这个世界。

伽利略与教堂的冲突开始于 1614 年。他在信件和谈话中提到，天文学家的使命不是去考证哥白尼体系是否和圣经里的某条教义相符。这个年代科学的任务，在更大程度上应该是注意到宇宙运行过程中反复出现的亚里士多德哲学原理，并以此来揭示整个宇宙的运行原则，从而勾画出新时代的草图。在这个时代中，由于天文望远镜的诞生，人们得以更近距离、更准确地观察宇宙。

# 02　科学发现与宗教想象

约翰尼斯·开普勒

（1571—1630 年）

认知即是将外在感知与内在观念相联结，并评判二者之契合。此过程被精妙地喻为"觉醒"——犹如从沉睡中苏醒般通透澄明。

科学洞见

信仰先于知识，因此，最早的一批科学家对造物主有着坚定的信念，并在这个前提下对世界进行着探索。约翰尼斯·开普勒就是其中之一，他信奉新教，活到了三十年战争[1]时期。对于开普勒而言，上帝的恩宠渗透到了其个人生活的方方面面。譬如说，造物主曾让这位病弱的天文学家活得足够长久，好给他充足的时间研究天地间全能的神所造之物的美好与完满。

终其一生，开普勒都坚信，"世上没有什么是上帝盲目创造的"，正如他在 1619 年的代表作《世界的和谐》一书中所写的那样。于是他看到了自己的使命，也就是探寻事物背后上帝的意图。开普勒为科研做出诸多努力，他观察到了光通过玻璃的路径（光学）和雪花的六角形结构（化学）。而他尝试探索宇宙所获得的天文学成就却被埋没了。

开普勒着手研究天文学的时候，基督教的思想认为世界以人所居住的地球为中心，其他的天体绕着这个中心转，它们的外部则是神的所在。而出生在符腾堡的天文学家开普勒所了解的理论，则不仅仅是但丁《神曲》所代表的那种基督教粉饰下的古典宇宙模型；他还了解尼古拉·哥白尼（1473—1543 年）的理论——后者在逝世那年发表了关于天体运动的观点，掀起了两场戏剧性的思想变革，这些观点在今天看来仍具有划时代的意义。哥白尼首先提出，地球不应是宇宙的中心，取而代之的应该是太阳。这位波兰牧

---

[1] 三十年战争（1618—1648 年），是由神圣罗马帝国的内战演变而成的一次大规模的欧洲国家混战，也是历史上第一次全欧洲大战。

师又提出假说，即地球有两种旋转方式，不仅有为期 1 年围绕太阳旋转的大圈，还有围绕自身的"轴"旋转的较小的圈——这就解释了昼夜交替的现象。

然而，17 世纪初期还没有任何研究证据可以证明地球围绕太阳旋转。这个时代的许多天文学家都把这个反对地心宇宙论的日心说当成没有科学价值的玩笑，对它不屑一顾。只有约翰尼斯·开普勒一个人从一开始就坚信发光发热的太阳处于中心地位。

开普勒这一信念的理由直接源于上帝。出于信仰，开普勒领会到了哥白尼体系中的"宗教热情"。实际上，开普勒将宇宙中以太阳为中心的布局视作世间"三位一体"的"实体写照"。他看到圣父位于中心，圣子在地球表面，"圣灵则处于联系单个点与空间的平衡位置"。他的说法有些晦涩，对现代人来说也不太好理解。简而言之：开普勒借助基督教中三位一体的概念，以日心说理论阐释了宇宙的构造。并且在此前提下，着手探寻真正的天体运动比例规律和造物之美的确切表达。

在他的余生中，开普勒发现了三条这样的著名法则，其中提到的数字不仅与基督教的思想和谐相称，而且给开普勒本人带来了一段特别的经历。实际上有两条天体运动的规律是他首次提出的，其中一条对于普遍科学思维的发展具有极为重大的意义。这条定律摆脱了宇宙中的圆形行星轨道理论，明确地指出地球在椭圆轨道上围绕太阳旋转。开普勒凭借长期对火星轨道的观察和各种计算，认识到了宇宙中这种几何图形的存在。

从这大量的精密计算中我们也可以看出，做这项研究的人不仅是一位宗教狂热者，也是一位具有现代实证研究精神的科学家。因此人们将开普勒看作是连接中世纪与现代世界的媒介。换言之，他处于新时代的开端，他的理论观点对世界有深远的影响。他的重大发现——"行星轨道是椭圆形的"并非研究的结束，反而带来了新的开始，原因如下：

只要认为行星在圆形轨道上沿天球[1]运行的话，就没有人会对行星运行所需作用力提出疑问。神早已用完美的方式安排好了一切，人们不必了解或企求更多。开普勒抛弃了圆形，以椭圆形取而代之，虽然在科学层面上，他离宇宙的真相又近了一步，但他不得不为此付出代价。因为他有义务回答，是谁或是什么导致了这种几何图形的出现，并且提供了其所需的作用力。开普勒看到了这个问题，却没能做出回答。为了这个答案，人们等待了将近一个世纪——直到英国的艾萨克·牛顿爵士登上科学史的舞台，并且提出重力的存在。他的力学使开普勒的定律得以拓展，现代物理学就此诞生。

---

[1] 天球，是指一个以观测者为球心、具有无限长的半径的假想球面。其目的是将天体沿观测者视线投影到球面上，以便于研究天体及其相互关系。天文航海按自身的需要，把地心作为天球的球心。

# 03　天上的月亮与地上的苹果

艾萨克·牛顿

（1642—1727 年）

在科学探索中，我们都如同立于知识岸边的孩童，虽能偶拾卵石，而未知的浩瀚海洋仍全然展陈眼前。

科学洞见

艾萨克·牛顿带来的影响广泛无比。他的物理学通过引入普遍存在的重力学说，启发了有关宇宙时钟的构想。这个时钟构成了宇宙，让行星维持在各自的轨道上。牛顿力学也深刻地影响了哲学史。像伊曼纽尔·康德提出"纯粹理性批判"的那本著作的标题，实际上就是"牛顿物理学批判"。尽管康德对物理学家牛顿所说的"惯性"的含义不甚了解，但这位哲学家首先认为，这个英国人所发现的空间中的欧几里得几何（爱因斯坦认为这种几何是无法达成的）具有先验的正确性。其次，康德认为，有了牛顿的理论，我们对于这个世界机械学的内在解释就已经完成了。这样一来，那个奇怪的宇宙时钟也将永远依循法则，以可测算的方式运转下去。

而牛顿本人却远没有这么肯定。因为虔诚的信仰，他承认了上帝干预的可能性。在研究所得出的公式中，他看到更多的是发散的问题，而非最终的答案。他为重力是如何产生，又是如何遍布整个空间而感到惊奇。然而康德却忽略了这一点，因为他在写作中提到以数学语言写成的自然之书时，终于理解了伽利略所说的。牛顿解密了上帝的语言，他能够解释并且预测潮汐的交替。

18世纪，他证实了地球并非完美的球形，其两极扁平，这让他声名远扬。

1800年以来，这些理论得到了广泛传播。人们觉得，牛顿的力学和时钟理论，不仅能将他们所居住的星球，也能将他们自身和他们的生活以定律的形式解释透彻。因此对于人类来说已经没有自由可言，一切似乎都已是定数。

面对这种存在上的束缚，文化史上被称作浪漫主义者的一群人开始为自己辩护。比如说，在 E.T.A. 霍夫曼<sup>[1]</sup> 的作品中的人物，除了可预测的行为，什么事情都做得出来。浪漫主义文学回应了牛顿物理学，而即使在牛顿还活着的时候，人们也可以看到，伴随这位英国物理学家的名字而来的，是人们何等的崇敬。

1727 年，85 岁的牛顿于伦敦逝世，他的同胞将威斯敏斯特大教堂中的位置留给了他。来自法国的英国文化观察员伏尔泰认为，牛顿"像受到民众爱戴的国王一样被安葬"。由此诗人亚历山大·蒲柏<sup>[2]</sup> 题写了被援引至今的墓志铭，"自然和自然的法则隐藏在黑夜之中。上帝说：'生个牛顿吧。'于是一切都被照亮"。

牛顿作为数学家、物理学家的成功，让其他科学领域也希冀这样一位伟人的诞生。对于生物学界，就是像康德所说的那样一位"草叶界的牛顿"。而同时代，有那么一位名人不太喜欢这种说法。这个人就是约翰·沃尔夫冈·冯·歌德。在对色彩的解释上，歌德站在了牛顿的对立面上。他试图提出自己的色彩理论，自然也想在科学界求得声誉。今天，人们以和解的方式阐释双方对色彩世界的研究所付出的努力。人们认为，牛顿作为物理学家使阳光色散成光谱，而歌德则作为思想家和科学家，通过对光效应的描述，完成了对相同现象的研究。如果想要制造望远镜，歌德就派不上什么用场；如果想要理解看到大红色或洋红色时产生的感觉，牛顿就没有

---

［1］ E.T.A. 霍夫曼（本名 Ernst Theodor Wilhelm Hoffmann，1776—1822 年），德国短篇故事作者及小说家，德国浪漫主义代表人物，以著作风格怪异著称。

［2］ 亚历山大·蒲柏（Alexander Pope，1688—1744 年），18 世纪英国最伟大的诗人，杰出的启蒙主义者。

什么用武之地了。

另外，若想了解牛顿这个人，仅凭自然科学也是不够的。因为目前历史学家的研究表明，牛顿留下的炼金术方面的文章要多于物理学。例如，他曾写过一本关于一位活在虚构王国的人物的书，也就是传说中名为赫尔墨斯·特里斯梅奇斯图斯的炼金术之父，该书题为"*Tabula smaragdina*"，意为"翡翠石板"[1]。书中明确指出"下界的事物就如同天界的事物"，牛顿相信天上的月亮与地上的苹果遵循同样的法则，这种想法也许就来源于此。二者都受重力影响而下落，而为了维持自身的位置，卫星就必须围绕行星快速转动。

人们发现：若是想从牛顿的理论中找到单纯建立在理智与实验基础上的科学，便会大失所望。尽管他曾提出著名的主张"Hypotheses non fingo"——"我不做假说"，然而他的这句话却缺少逻辑——这不过是那个时代的"自然术士"说过的话。因此人们喜欢说牛顿是这个职业的末裔。术士们试图按照神秘学原则进行试验，对牛顿而言，重力就属于神秘学的世界。他终究不能指出重力出现的原因，他只能接受它的存在并描述其作用效果。

牛顿尤其注重炼金术士的著作，因为他猜测，这些著作中蕴含了经上帝启示的神秘知识。牛顿认为，正是"上帝的大炼金术"，从原初的混乱中创造出了世界的秩序，即他的定律所揭示的秩序。

---

[1] 翡翠石板，也叫托特的翡翠石板，上面镌刻的神秘文字相传是炼金术的来源，作者为古埃及神话中的智慧之神托特。传说石板上的文字为《翠玉录》，也叫翠玉十三章，这篇文字是西方炼金术的源头和鼻祖，其中包含的智慧被认为是远古谜团的基础，连伟大的科学家牛顿都曾翻译过里面的文字。

## 04 自然背后与人类身上

迈克尔·法拉第

（1791—1867 年）

上帝乐于借助自然法则成就其物
质世界的创世之功。造物主通过
作用于物质的诸般伟力所铸就的
永恒法则，统御着一切物质造化
的运行轨迹。

科学洞见

迈克尔·法拉第出生于伦敦市郊的一个贫民区，是一名蹄铁工的儿子。13岁的时候，他就不得不辍学到装订厂打工，以补贴家用。但命运就是如此，年幼的法拉第读了自己做的书，他尤其喜欢关于科学的书。他童年的一大兴趣就是电学。20岁的法拉第迷上了《大英百科全书》中有关电学的知识，他购置了一套设备，来进行自己的实验。

1812年，他为了听当时最顶尖的电气化学家汉弗莱·戴维[1]爵士的课，想尽了各种办法。法拉第在听课时认真地记了笔记，并将其整理成一本书，这意外地令他得以接触到戴维。这位名人要求与那本书默默无名的作者见面。这次会面让22岁的法拉第跻身皇家科学院的辉煌殿堂。这个在他眼中如神圣王国一般的地方，伴随他度过了他的整个职业生涯。

法拉第被材质和力的可转化性吸引，通过油脂蒸馏这样的化学实验，他开始写作自己的学术论文。这时，有一种化合物引起了他的注意，这种化合物不久后被命名为苯。它由6个碳原子和6个氢原子构成，很长一段时间内让众多化学家大伤脑筋。法拉第本人的注意力则总是侧重于电学。

起初他认为电是一种流体，因为电流能够从导线中流过。但他又要如何解释电荷的两种形式——正电荷和负电荷呢？电流的重量又如何测量呢？

---

[1] 汉弗莱·戴维，英国化学家、发明家，电化学的开拓者之一，1778年出生于英国彭赞斯的贫民家庭。在化学上他的最大贡献是开辟了用电解法获取金属元素的新途径，即用伏打电池来研究电的化学效应。他被认为是发现元素最多的科学家。

　　流体的构想在这一时期最为盛行，人们不仅如此解释电，还用这种方式来解释热。法拉第想知道，这种情况下能量是如何实现转化的。进行研究的时候，他更加确信了自然的统一性，即事物皆以相一致的方式被创造出来。他提出的问题是：何以得知自然的力量背后存在关联性？1820 年，丹麦物理学家汉斯·克里斯蒂安·奥斯特[1]的观察给出了一个可能的答案。奥斯特注意到，当电流经过导线时，旁边的磁针就会发生偏转，而偏转方式则取决于电流方向和磁针的位置。

　　法拉第重复了这个实验，注意到了这一过程中真正发生的事情：电流中的电能转化成了磁能，使磁针发生了偏转。最初，丹麦科学家发现电能可以转化为磁能，于是法拉第提出了与之相对的说法——"由磁能到电能的转化"。他在日记中也以此敦促自己，他坚持不懈地进行研究，即使解答这个问题要花上 10 年的时间。1831年 8 月，法拉第将两根铜线圈缠绕在一个铁环上；他将其中一个线圈与测量设备（电流计）连接，另一个则通电。他设想以此建立一个磁场，这样就会在第一个线圈中引发新的电流——今天人们称之为感应电流。起初法拉第发现静止状态下看不到任何现象。但他很快注意到，第二个线圈中电流接通和断开的时候，电流计有反应，这说明有电流通过。尽管只是一瞬间的变化，但足以证明他的推测。也就是说，引发感应电流的并非磁场本身，而是磁场的瞬时变化。

───────────────

[1]　汉斯·克里斯蒂安·奥斯特 (Hans Christian Oersted, 1777—1851 年 )，丹麦物理学家、化学家。1820 年发现了电流的磁效应，他的重要论文在 1920 年整理出版，书名是《奥斯特科学论文》。

法拉第发现了电磁感应的规律，很快他的发现便帮助人们造出我们今天称为发动机、电动机和变压器的东西。电气工程学的基础由此奠定并为世人知晓。在向世人介绍他的新知识的时候，有人问他，这些线圈和那些装置究竟有什么用途。法拉第毫不犹豫地答道："眼下我还不知道，但总有一天人们会用到它们。"

当时许多政客说法拉第的实验是"粗劣的诡计"，而他不屑一顾。早在他的电磁感应实验取得突破之前，法拉第就已经计划以通俗易懂的语言发表自己的经历。1826 年，他在伦敦皇家学会发表了《给孩子们的圣诞演讲》，从此圣诞演讲的传统延续至今。他个人最为出名的演讲叫作《一支蜡烛的自然史》，几年前，其原稿件《一支蜡烛的化学史》被原封不动地重新出版。作为有着虔诚信仰的人，在这份荣光之中，他看到了自然背后的和谐统一，还有人类身上展现的神之智慧的象征。

法拉第在 1861 年的圣诞演讲中以他的愿望作为结束语，他希望听众们从这一刻起成为蜡烛，用自己的光芒照亮世界。他说，诸位有朝一日将能够解释上帝创造自然界所运用的科学奇迹和绝妙法则，而这其中蕴含着独特的美。而人类将会感谢诸位的贡献。

# 05　电子与磁的联想以及 "麦克斯韦恶魔"

詹姆斯·克拉克·麦克斯韦

（1831—1879 年）

或许这部"自然之书"的确是按部就班、页页相承的体系。若果真如此，那么我们在这门学科初始章节习得的方法……便可作为后续高阶篇章的研习指南。然而，倘若根本不存在这样一部"书"，倘若自然不过是一本杂纂，那么最愚不可及的，莫过于假定其间的某些片段能够彼此映照阐明。

科学洞见

1831 年，詹姆斯·克拉克·麦克斯韦作为一个富有家庭的独生子在苏格兰的爱丁堡出生。他的母亲在孩子出生时已经 40 岁了。此时，查尔斯·达尔文正乘着贝格尔号踏上环游世界的旅程。麦克斯韦在物理学家中是如此有名，那些物理学家时刻都在谈论着所谓的"麦克斯韦方程组"，但这位苏格兰人又如此"无名"，科学的殿堂始终将其拒之门外。

1865 年前后，麦克斯韦以数学语言再现了电学现象和磁学现象之间的关系，并认定了光是一种电磁波。他的几个同行提出了歌德借浮士德之口说出的问题："写这灵符的莫不是位神灵？……用快乐充沛了我可怜的方寸，又凭着神秘的本能，使我周围的自然力量显呈。"而就是这位麦克斯韦，他捐出了自己的部分遗产想资助一家音乐厅，但对方寄回的感谢信上却附注：收件人已迁移——他们根本不认识他。

麦克斯韦在他所研究的学科——理论物理学之外呼声不高，他的名字也鲜为人知，这可能跟他侧重理论研究有关。1876 年，电话在美国普及；2 年后——也就是他过早离开人世的前一年，麦克斯韦第一次将电话听筒拿在手中。他首先注意到的是这个新物件在数学上的对称特性。他认为电话的两端有着相同的传声结构，尤其是当电话两端的人都在说着一样的废话时。

麦克斯韦过着极度隐秘的隐居生活，在外界看来，这种生活用"安静"来形容是远远不够的。他和妻子凯瑟琳没有孩子，二人经常一起研读诗歌，相互给对方朗读莎士比亚的作品。但与此同时，麦克斯韦的内心却是极其活跃的，充斥着各种想法。他曾经尝试以诗意的形式表现自己思索的过程:"我们心中的种种力量和思想,从自我守护秘密之处,穿越意识的重重风暴浮现出来,唯有此时我们才会认识到它们。而当意志与感官陷入沉默,我们才能透过来来往往的思想,感觉到潜藏于深处的暗礁与涡流。"

麦克斯韦的传记作者面临着一个潜在的问题:他的生活轨迹非常平稳,比如说,他仅有一次离开了不列颠岛,到欧洲大陆上旅行。苏格兰中心区,爱丁堡附近的格雷奈尔宽敞的民居——他的米德比庄园——对他而言已经足够,那里就是他的归所。他在那里写下了物理学界中著名的《电磁学通论》,其中,电与磁两种现象在统一的动力学基础上得到了阐释。

总的看来,麦克斯韦提出了诸多物理学的课题。他提出了一套色彩理论并且制作出了第一张彩色照片。他理解了土星光环的稳定性,并且展开了分子运动论的研究。他成功地通过构成气体的数量巨大的基本单元的特征,阐释了气体的特征,即温度和体积,等等。麦克斯韦发现,气体分子的速度并不总是一样的,它们的速度呈现出一种统计规律分布。时至今日,这种"麦克斯韦分布"成了涉及气体及其他物质的统计物理学的基础。

除了麦克斯韦方程组和麦克斯韦分布,为了证明热学中一条基本原理的有效性,他还在自己的科学研究中引入了一只"麦克斯韦恶魔"。这只恶魔说,气体或其他物质发生变化时,倾向于变为比此前更加可能出现的状态。由可能性大的状态变为可能性小的状态的过程是不会自发产生的;就好像书桌一样,只有在有人整理的时候,看起来才是整洁的。麦克斯韦想知道,是否可能存在一个棕精灵[1]来整理分子。所以他构想了一只恶魔，它将快速的和慢速的分子区分开，并将它们引至容器的不同位置；这样一来容器里较热的地方会变得更热，而较冷的地方会变得更冷，从而出现可观测的温度差。

为了完善麦克斯韦的"恶魔"并且拯救热力学，物理学家们花了100多年的时间。而这个构想的有趣之处在于，这只小恶魔必须去测量并且收集它想分类的诸多原子的信息。如果这只恶魔小到只能处理单个分子，那么它在之后就必须删掉它的测量数据。在这个遗忘的过程中，它会跑到别处，正如它所表现的那样，所以它不得不放弃区分分子。人们所学的物理学是正确的，热学基本原理有效。麦克斯韦会为20世纪的研究成果感到高兴的。他相信物理学定律中有着深刻的真理，而其中几条最为绝妙的就要归功于他。

---

[1] 苏格兰传说中善良的小精灵，淘气鬼的一种。之所以被称为"棕精灵"，是因为这种小精灵总是穿着一身棕色的破衣服。

# 06　跨学科的联想者

赫尔曼·冯·亥姆霍兹

（1821—1894 年）

遗憾的是，能够完全服从于完善科学绝对统治的领域极其有限，即便是有机世界的大部分疆域也早已摆脱了它的掌控。

科学洞见

赫尔曼·冯·亥姆霍兹是那个时代的"精神巨匠"。1883年，皇帝威廉一世授予他贵族称号。他以心思缜密和聪明才智在科学的诸多领域里留下了他的印记，就像引语中所说的那样，突破了科学的界限。亥姆霍兹来自波茨坦，作为一名高级中学教师和一位普鲁士军官千金的儿子，他受到了全方位的训练，还在学生时代就掌握了多门语言。他学习物理学的愿望遭到了父亲的反对，父亲认为这一行收入微薄，不足以养家。作为让步，父亲允许他学习医学，1842年，亥姆霍兹获得博士学位，并成为柏林夏里特医院的一名解剖学家。此后，他做了20年的义务军医。他的老师们大多同意一种活力论[1]的观点，它赋予事物的基本属性以一种神秘的生命力。而亥姆霍兹的文章得出的结论却总是：生理学现象必定有其化学解释，而这些化学过程在生物体的细胞中进行。他发现了无机界与有机界之间的联系，并且试图借助一种人们已讨论多年的观点来理解这种联系，即"力量恒常性"的观点。

1847年，他将自己的见解写成演讲稿，其中提到了"关于力量的守恒"。由此发展出了今天物理学家称为"能量守恒定律"的理论，诸如马克斯·普朗克等物理学家将其推崇为自己科研的圣律。在亥姆霍兹等人看来，能量既不会凭空产生也不会凭空消失，它只能进行转换。正如亥姆霍兹最终将"力量"的说法改为"能

---

[1] 指关于生命本质的一种唯心主义学说。又名生机论或生命力论。生物体与非生物体的区别就在于生物体内有一种特殊的生命"活力"，它控制和规定着生物的全部生命活动和特性，而不受自然规律的支配。它主张由某种特殊的非物质的因素支配生物体的活动。

量"，这种改变是在将其作为一个物理量时提到的，能量是"不可摧毁"的。

"能量"是个古老的词汇——是由亚里士多德提出的，用以命名人们将潜能变为现实所进行的投入。然而要把握"能量"却不是那么容易的，不同于人们所用的力气，"能量"或多或少是不可见的。要以人们看不见的东西来解释可见的东西，这种想法需要首先被人所接受。19 世纪下半叶，亥姆霍兹就采纳了这一思路。

除却科研的深度，亥姆霍兹研究的广度也令人敬佩。他曾试图测量"兴奋"在激活肌肉前沿神经时传输的速度。他曾关注视觉过程并且构建了一套色彩理论，其中提到的 3 个色彩变量——色调、亮度和饱和度被沿用至今。此外，亥姆霍兹还是第一个区分混色原理的人。他解释了将黄光和蓝光混合时，相比调和蓝色与黄色水彩颜料的相减混色方式[1]，为何会产生不同的色调。而对于病人的视力问题，亥姆霍兹曾思考如何检查人的视网膜，为此他造出了现代眼科学所必不可少的验目镜。

亥姆霍兹认为，两个器官和两种感官的本质区别在于，眼睛缺少区分组成混色的颜色的能力。在他 1857 年发表的《生理光学手册》中，他写道："眼睛不能区分混在一起的颜色，无论混色的基色之间的波长关系是简单还是复杂。眼睛不像耳朵那样拥有和声

---

[1] 减色原理：相减混色利用了滤光特性，即滤除在白光中不需要的彩色，留下所需要的颜色。如印染、颜料等采用的相减混色。黄颜色之所以呈黄色，是因为它吸收了蓝光，反射黄光；青颜色之所以呈青色，是因为它吸收红光，反射青光。如把黄与青两种颜料混合，实际上是它们同时吸收蓝光和红光，余下只有绿光能反射，因此呈绿色。

的感觉，眼中是没有音乐的。"

亥姆霍兹所给出的光学及生理光学描述如此全面而广受认可。随着研究的进行，他更加确定，终究并非所有的视觉现象和过程都与纯粹的物理规律或化学反应过程有明确的因果关系。在诸如光学、视错觉、纵深感以及颜色稳定性的实验——如一张白纸无论在阳光下还是台灯的灯光下看起来都是白的，但两种情况下进入眼睛的光是不同的等问题上——将心理和精神因素纳入考量总是有必要的。对于这样一位机械的因果关系的狂热者，这必定是令人恐惧的。这导致他反对一切有关情绪的色彩解读，哪怕这些解读本身是无可指摘的。

尽管如此，亥姆霍兹终其一生不断地在研究哲学问题，针对"医学的思考""归纳与演绎"和"感知的真相"这些问题，他都提出了自己的见解，并且进行了论文发表。他还特别研究了概念是如何建立的，并且提出了绝妙的想法：一切感觉在以神经冲动的形式到达大脑之后，都会成为"传达给意识的信息"。这样一来感觉就转化成了符号，供我们进行处理。

# 07 由熵推想宇宙的生命

路德维希·玻尔兹曼

（1844—1906 年）

当炼金术士们孜孜以求贤者之石，一心追求点石成金之术时，他们的一切尝试都徒劳无功；直至他们将目光转向那些看似毫无价值的问题，化学这门科学方才诞生。

科学洞见

路德维希·玻尔兹曼是位物理学家，但他却预言，19 世纪将会是查尔斯·达尔文的时代。玻尔兹曼非常钦佩这位英国伟人的进化理论，并且自然而然地将其运用在精神生活领域，正如引语中所说的那样。早在 1900 年，他就已经提出一套理论。这套理论就是半个世纪后，同样出生于维也纳的康拉德·劳伦兹[1] 所说的"进化认识论"。在这一理论框架之下，玻尔兹曼发现，某一个体先天——即先于任何经验获得并伴随一生的思维方式，会随着该物种的演化而发展。在这种意义上，它也是后天的，应当归功于其祖先所积累的经验。

1906 年，玻尔兹曼自杀离世。这位维也纳人曾研究过关于认识的进化，而这一课题却并未受到重视。他的奥地利同胞，备受喜爱的著名哲学家卡尔·波普尔[2] 猜测，迫使他做出这一绝望之举的抑郁症，可能与物理学有着密切的联系。

在他生命的最后时刻，玻尔兹曼依然无望地进行着实验，想要证明热力学第二定律。这个定律与物理学家们称作"熵"的变量有关，"熵"就像"能量"一样，是一个人造词。

"熵"这一概念试图更加准确地描述，机器中并非全部能量都会被用于做功。用专业人士的话来说，能量是会"逸出"的。在每个做功环节上，能量都会因逸出而减少，这样便可以推想熵是一个

---

[1]　康拉德·劳伦兹是奥地利动物学家、动物心理学家、鸟类学家，也是诺贝尔奖获得者。他被认作现代动物行为学的创立者之一。

[2]　波普尔是批判理性主义的创始人。他认为经验观察必须以一定理论为指导，但理论本身又是可证伪的，因此应对之采取批判的态度。

持续增长的数值。这种说法乍一听是无可厚非的。热力学第二定律将这种看法总结为普适规则："世界的熵趋向于一个最大值。"

这一说法的特殊之处在于，这样一来，物理上的时间就有了一个方向。每个人当然都知道，自己的时间线——即一生的时间只有一个方向，它只会朝着死亡向前流动。但物理学认为时间可以逆转，因为它具有前后两个方向。根据牛顿的力学定律，一个单一粒子在时间上既可以前进也可以后退。而观察多个粒子时，这种时间对称性却失效了。若是观察一滴墨水在一杯水里扩散开来的过程，必定会得出这一结论。即便单一粒子不会沿着时间线运动，事物也会呈现出明显的方向性。如果没有外界的帮助，一个散开的液滴是不可能再次聚集起来的。

玻尔兹曼仔细地分析了这种情况，对系统的微观状态和宏观状态作了区分。微观状态用每个粒子的各项参数进行描述，而宏观状态则用诸如温度、颜色、体积等测量值来标示。玻尔兹曼说明了微观状态的多少导致了宏观状态的不同，它们使宏观状态得以实现。他认定熵为一种决定微观状态的随机事件。

在这种思维模式之下，物理系统——例如气体或液体总是从可能性小的状态变为可能性大的状态的时间线就可以实现了。纯墨水分子聚集成一滴，这种状态在微观看来，其可能性要比墨水分子分散在整个容器中小得多，实现这种分散状态的微观方式有很多。

玻尔兹曼相信，他仅以所谓"碰撞数假说"[1]的数学方法表达

---

[1] 描述了分子的碰撞如何改变系统中动能的分布。

的这种思路，能够证明物理时间的流动方向。在他看来，诸如液体的系统中呈现混乱状态的可能性比有序状态的可能性要大。他由此推论，一定有一条普适的力学定律，说明封闭体系中粒子总是采取更为可能的分布，因此其有序性总是减小而熵总是增大。玻尔兹曼将这个结论拓展至整个宇宙，他写道："现在的宇宙，或是至少我们身边的世界，是从一个很不可能的状态开始演变的，并且仍处在一个相对不太可能的状态之中。只要接受这种说法，热力学第二定律就可以通过力学理论得到证明……有人可能会怀疑，是否整个宇宙都处于热力平衡状态，因此宇宙已经死去。宇宙局部是可能出现失衡现象的……宇宙作为一个整体是没有时间上的'向前'或是'向后'的，因为有生命存在，并且处于相对低可能性状态的局部世界。其时间流向则是由不断增长的熵决定的，它正由可能性小的状态变为可能性大的状态。"

这种说法的吸引人之处在于，为了理解世界上发生的事情，玻尔兹曼在他以客观性著称的研究当中引入了主观因素——诸如人类的生物。他就此为主观性敞开了大门，尽管这在今天被视作他的一大功绩，当时却让玻尔兹曼陷入了绝望。熵至今神秘莫测，人们只知道它与玻尔兹曼逝世后的 1 个世纪里人们所研究的信息有关。

# 08　在不可见的世界里

海因里希·赫兹

（1857—1894 年）

我们将外界事物变成我们能理解的符号，这些特殊符号能让我们的思考所推导出的结论，永远对应着现实世界里事物发展的自然法则。

科学洞见

海因里希·赫兹是 19 世纪最重要的物理学家之一。他最为杰出的成就，就是证明了电磁波的存在。19 世纪 60 年代，苏格兰人詹姆斯·克拉克·麦克斯韦曾经提出一套理论，将电学现象与磁学现象联系到一起——以"电磁学"一词，展现了自然中各种力的一致性。19 世纪 70 年代，麦克斯韦提出光应当是一种电磁波，这种理论具有轰动性和指导意义，却仍待实验证明。海因里希·赫兹完成了这项实验，他在实验中借助一个振荡的偶极子[1]引发了这种波。今天，这种装置以"赫兹振子"著称。

尽管可以为自己的成功而庆祝，但这位来自汉堡，出身卡尔斯鲁厄显赫的汉萨家族的科学家，却仍专注于研究。1886 年 11 月 11 日，就在汉堡，他成功地将电磁波从发生器传送至接收器——这就是我们司空见惯的广播的原理。1888 年，他在柏林科学院发表了他的研究报告《关于电射线》，介绍了他的成果。

在这一成果发表的 125 周年纪念日之际，德国联邦发行了面值为 58 分的纪念邮票。早在 1957 年赫兹的 100 年诞辰时，德国就曾发行过纪念邮票，其购入价格达到了 10 芬尼（笔者冒昧地以孩子的视角写下这句话，笔者收集著名科学家的头像邮票就是从这一张邮票开始的）。

赫兹证明了麦克斯韦预言的电磁波是真实存在的，并且可以被制造出来。值得一提的有两点：首先，赫兹以此证实了麦克斯韦方程组的正确性，这也引起了当时尚未出名的物理学家阿尔伯

---

[1] 偶极子一般指相距很近的符号相反的一对电荷或"磁荷"。

特·爱因斯坦对它的重视。麦克斯韦不仅以他的数学方法明确了光的本质，还计算出了光的速度，这个计算结果不受光波运动状态及观察者的影响。因为有赫兹的研究，爱因斯坦才发现，物理学出现了原则上的问题；然后这位来自乌尔姆的科学家才开始思考这个问题，并且最终提出了相对论。

其次，赫兹所研究的射线的不可见性也具有重大意义。比较当时发现的其他不可见射线——从 X 射线、放射性物质到宇宙射线，几乎可以推断，光的大部分都是不可见的。根据赫兹的测算，大部分的世界都是不可见的。对于艺术，这就意味着，如果想要描绘世界的真实样貌，就必须进行虚构。诸如抽象艺术的艺术流派由此产生，其代表性艺术家毕加索就说过：他不再画自己看到的事物，转而去画他所思考或想象的事物。

当赫兹还是一名年轻的大学新生，正准备踏上研究物理学的道路的时候，他曾向一位著名的物理学教授请教，如何能够进步得更快。他得到的回答是：学习经典。他还知道了应该去读哪些经典作家的作品：皮埃尔－西蒙·拉普拉斯[1]和约瑟夫·拉格朗日[2]。赫兹将这些话牢记于心，潜心钻研拉格朗日的力学理论。他花了大量的时间，"来进行独立思考"。他在家中写道，"仅那些力学原理，那些名

---

[1] 皮埃尔－西蒙·拉普拉斯，法国数学家、天文学家，法国科学院院士。是天体力学的主要奠基人、天体演化学的创立者之一，他还是分析概率论的创始人，因此可以说他是应用数学的先驱。

[2] 约瑟夫·拉格朗日（1736—1813 年），法国著名数学家、物理学家。他在数学、力学和天文学三个学科领域中都有历史性的贡献，其中尤以数学方面的成就最为突出。

词：力、时间、空间、运动，等等的表述，就足以让人大伤脑筋"。

他的最后一部著作——在他 36 岁过世前完成的《力学原理》，为力学的基本概念做了细致的分析。

学习期间赫兹也不忘翻阅 17 世纪的古老手稿，研读《莱布尼茨作品集》，其中就包括"关于微分的最早一批论文，它们见证了微分这一创举。看着这些劣质的印刷和极不成熟的符号语言，很难相信，全部的科学都是在这一青涩萌芽的基础上建立起来的。而这些今天看来像是小孩子牙牙学语的语言，在当时只有最有学问的学者才能读懂"。

写《力学原理》的时候，赫兹对艾萨克·牛顿的三条物理学基本定律做了一个总结，他写道："所有独立系统都会保持静止状态或保持类似于在笔直轨道上的运动状态。"赫兹进行了伟大的设想，"关于时间、空间和质量之间的关系的说法都已经不能满足我们灵魂的需求"，它们应当"与所有的未来经验相符"。与他同时代的赫尔曼·冯·亥姆霍兹曾评价他"对物力论的描述，即使不是唯一的，至少也是迄今所发表的观点中最具哲理性的说法之一"。然而读者需要一定的时间来理解这种"犀利而错综复杂"的理论。路德维希·玻尔兹曼曾因过于投入地研究赫兹的理论，给妻子写信时的称呼居然写成了"我亲爱的赫兹（Mein liebes Hertz[1]！）"。遗憾的是，在这之前，从来都没有人真的写过"我亲爱的赫兹（Mein lieber Hertz！）"。

---

[1] 将 Herz（心肝）误拼写成了 Hertz（赫兹）。

# 09　用眼睛去找门

维尔纳·冯·西门子

（1816—1892 年）

重要的不是用头撞墙，
而是用眼寻门。

科学洞见

今天，提起西门子，我们自然会想起遍布 200 个国家，拥有超过 300 000 名员工，年销售额高达上百亿欧元的大型电器公司。今天的西门子股份公司，由维尔纳·西门子和乔治·哈尔斯克 1847 年创立于柏林的"西门子－哈尔斯克电报机制造公司"发展而来。1848 年，这家公司得到并且履行了一份具有重大政治意义的合同。该合同要求他们建造柏林至美茵河畔法兰克福的电报线路，后者是德国议会召开会议的地方。历史学家认为，西门子与哈尔斯克两位的联合，对于技术史的发展来说是一大幸事。因为哈尔斯克尤其擅长各种零件的制造，而西门子则提供知识和想法，并且乐于将其付诸实践。

起初，西门子想找一份与实用科学相关的工作，所以他申请加入柏林普鲁士军队的工程队。他被录取了，1835 年秋，他得到了数学、物理、化学及弹道学的全面培训。1838 年，维尔纳·西门子作为炮兵中尉开始在马格德堡执行任务，此时他并未开启自己的职业生涯。并且因为他同意去做拳击赛助手，使他在马格德堡遭遇了长达数年的监禁。但他没有因此而消沉，反而更加振作了起来。他把自己的牢房改造成了一间实验室，并研制出了电镀法，使金属物件的镀金和镀银成为可能。

西门子在被释放后留在了军队，他一直尝试用自己的发明挣外快。他设计了一种蒸汽机调节器，还有一种生产混凝土砖用的压力机。1847 年，他研发出一套工艺，给导线套上用古塔波树胶晾干的胶液——一种类似橡胶的物质制成的无缝绝缘层，今天生产绝缘导线和电缆时，依然会用到这种工艺。

西门子最大的贡献之一要数他改良的发电机，其工作原理就是直流发电原理。他发现，发电机中即使没有电流也可以产生电压，以初始值很小的剩磁[1]通过感应产生所需的电压。

这样一来就可以实现大规模发电，这种技术也被用于电动机。历史学家认为，西门子的这一发明和与其同时代研发出来的内燃机可以取代旧式的蒸汽机，这引发了第二次工业革命。早在西门子之前就已经有其他的工程师注意到了这种直流发电原理。但是西门子准确估计了它的适用范围，预言了电能势不可挡的迅速发展。

1879 年，西门子与海因里希·冯·施特凡共同创立了"电气工程协会"。值得一提的是，现在常用的"电气工程"一词就是由西门子创造并且引入德语的。西门子担任协会的首任主席，在德国的各应用技术大学设立了电气工程教席。同年，西门子与哈尔斯克设计出了第一台电动火车头，并且在柏林建造了首个街道照明系统。1880 年，这家公司在曼海姆制造了第一台电梯，1881 年，首部有轨电车在利希特尔费尔德投入使用。

除了技术革新之外，许多社会变革也要归功于西门子。1872年，他为自己的公司设立了养老基金、寡妇救济基金以及孤儿救助基金。1873 年，这家公司采用了每天 9 个小时的工作时长，每周工作 6 天，每周共计 54 工时。这种工作时间在今天听起来很多，但在当时却很少。因为在 19 世纪末，每周的工时通常是 72 小时。

---

[1] 岩石和矿石在形成时所产生的磁性，历经地质变动后保留下来的部分称为剩余磁性。剩余磁化强度是表示剩余磁性大小的物理量，一般用符号 Jr 表示。

不久后，哈尔斯克就不再隶属于这家公司。

西门子作为自由主义"德意志国家联合会"和"德国进步党"的成员——他曾作为其代表被选为普鲁士众议院的创立者之一，始终关心着员工的福利。

他曾经说过："如果我忠心的合作者没有分到他们想要的数目，那些钱就会像融化的铁一般在我手中燃烧。"自19世纪60年代中期以来，他的公司就开始向员工发放奖金，这被看作是今天利润分红的先例。1860年，柏林大学授予西门子荣誉学位。1867年，他在巴黎的世界博览会上展示他的直流发电机时，荣获法国荣誉军团勋章。随后，他却拒绝了商务顾问[1]的任命。因为他曾自豪地说，他是一名技术员。

---

[1]　1919年前德国巨商和工业家的荣誉称号。

# 10　探寻自然的秩序

马克斯·普朗克

（1858—1947 年）

> 宗教与自然科学始终并肩作战，持续不懈地与怀疑论、教条主义、无信仰及迷信抗争。而这场斗争中亘古不变的指引口号便是：向神而行。

科学洞见

若要介绍马克斯·普朗克，一方面看来相当困难。因为作为物理学家他极为成功，作为哲学家他思维极其缜密，而作为政治家他又高度活跃。他还相当长寿，一生中历经了与四个孩子的生离死别。而另一方面看来，要介绍他也很简单。因为他对量子跃迁理论构想有褒无贬，而且他档案中的相关材料也清晰明了。普朗克一生所整理出的材料中，有许多都在二战的空袭中被损毁。其间，纳粹指控普朗克的儿子埃尔温参与抵抗希特勒并处死了他。

普朗克曾遭受过各种屈辱，1945 年后，他的同行们出于感激，将成立于 1911 年的威廉皇家促进科学协会改名为马克斯 - 普朗克协会。早在 1929 年，德国物理学会就为其黄金周年纪念日设立了马克斯 - 普朗克奖章，他和阿尔伯特·爱因斯坦同时被选为这一奖项的首次获奖者。人们可以从多个角度来看这个"爱因斯坦 - 普朗克"组合。物理学家之间通常流传的故事版本是，普朗克的重大发现有两个，除了量子效应之外还有爱因斯坦。这件事始终带着神秘色彩。

一切都始于世纪之交，普朗克在柏林发表的报告引起了轰动。普朗克展示了如何单纯通过物体温度辐射所产生的射线来计算物体的颜色，即黑色。这种说法在今天听起来平淡无奇，但在 19 世纪末却给理论物理学带来了巨大的挑战。普朗克苦苦钻研光能中的热量转化，他期望找出一条具有绝对有效性的普适规则。在此之前，许多做此尝试的人已经放弃了，正如普朗克本人所说，他在"绝望的一幕"中，沿着这一思路进行试验，即能量是不连续且跳跃性的。

普朗克将著名的量子效应带入科学世界，今天我们习惯称其为量子跃迁理论。虽然普朗克能够凭借这一精巧的理论准确地计算出黑体的颜色，而且 1918 年他也因此获得了诺贝尔物理学奖，但是自然中存在不连续变化这一说法并没有让他满足。长久以来，普朗克都期望，量子只是作为数学上的辅助值被引入计算——以避免零的出现，之后便可以被省掉。

这一幻想最终被打破了。1905 年，爱因斯坦证实，普朗克的量子在物理学上是真实存在的，它作为组成光的微粒，是可以被观测到的。因为这一发现，在普朗克获奖的数年后，爱因斯坦也获得了诺贝尔物理学奖，这给两位的名字赋予了特殊的含义。当时，有人正对德国哲学的衰落感到惊奇和不解，而这些人很快就得到了回应：德国一如既往地涌现出杰出的哲学家，他们不过是在研究其他学科。他们就是普朗克和爱因斯坦。

这一进展的有趣之处在于，起初，普朗克对于爱因斯坦的这种光子说毫无头绪；他甚至觉得，他的同行做得有些过分了。更加值得注意的是，1905 年，早已成名的普朗克对于当时还未出名的爱因斯坦这一年的其他研究大加赞赏，也就是今天著名的相对论。在许多物理学家都还没弄明白，爱因斯坦究竟是天才还是怪人的时候，普朗克就称赞他是物理宇宙学界的第二个哥白尼。他给这位伯尔尼专利局员工提供了一个柏林的职位，正是这一举措让爱因斯坦成了普朗克个人的第二大发现。两位物理学伟人就此缔结了友谊，并且经受住了纳粹年代种种困难的考验。

在学生时代，普朗克就深深爱上了物理学，热力学的第一定律给他留下了最为深刻的印象，其中就提到了能量的不可磨灭性。

在他看来，物理学史"对绝对的探索"这门科学似乎能够发现不受
人类影响的、具有绝对正确性的定理，而且其有效范围波及全宇
宙。这条能量守恒定律，成了还是学生的他的"福音书"，正因如
此，将能量以量子跃迁的形式分割开来，对他来说一定相当困难。
普朗克觉得，发现基本定理是"科学的最终任务"，所以自然而然
地，这项工作是永无止境的。也正是这种对于探寻自然秩序的渴
望，这一"对会思考的人来说最幸福的事"，让他有意识去"探察
可研究之事，景仰玄妙未解之事"。

　　这几句话是普朗克援引自歌德的，他认为歌德既有思想深度
也有修辞之美。1947 年，法兰克福授予他歌德奖[1]，这代表着公众
对他的认可，"在一个思想不自由的年代，勇敢地捍卫了良知的自
由和信仰的权利"。

---

[1]　歌德奖是一项高荣誉的德国文学奖（并未限制只有作家方能得奖），以德国作家
歌德命名。

# 11　宇宙的全新图景

阿尔伯特·爱因斯坦

（1879—1955 年）

> 我们能体验到的最美好的事物，便是神秘。这种原始悸动孕育着真正的科学与艺术。若有人不识此感，不再惊奇，不再敬畏，他便如同行尸，双目再无神采。

科学洞见

阿尔伯特·爱因斯坦于 1879 年 5 月 14 日出生在乌尔姆，1955年 4 月 18 日在普林斯顿（新泽西）逝世。爱因斯坦在慕尼黑和瑞士的阿劳度过了他的学生时代，并且就读于苏黎世联邦理工学院（ETH）。完成考试后，爱因斯坦取得了瑞士国籍，1902—1909 年，他在伯尔尼的专利局找到了一份工作。1905 年可以说是他的奇迹年，这位 26 岁的三级技术员以最新的"时间与空间的本质论"给物理学和我们的世界观带来了一场革命。 1915 年，已经在柏林做教授的爱因斯坦对他关于时间与空间的新观点进行了至关重要的拓展。这一理论以"相对论"著称，为我们展现了一幅神奇的宇宙图景。根据爱因斯坦的观点，我们生活在一个四维时空的曲折表面上。这在外行人听来根本无法理解，但它背后的物理学原理则是由精确的计算得到的，并且可以以定量的方法验证。

1919 年，合理的实验证明，爱因斯坦的观点能够比艾萨克·牛顿的观点更好地描述宇宙，而后者几个世纪以来都是人们的指导思想。一位新星就此诞生了。爱因斯坦登上了报纸的首页，相对论成了热点话题。从这一刻起，他成了世界级人物。他的脸成了圣像，尤其是他那张吐舌头的照片。那是他 72 岁生日时在纽约照的。

1933 年，爱因斯坦移民至美国。1934 年，《我的世界观》在阿姆斯特丹出版，本书开头有关未知之美的引语就选自这本书。其后一年，他移居至普林斯顿，直到逝世他都住在那里。1939 年，他在写给美国总统 F.D. 罗斯福的一封著名的信里，建议制造原子弹，当时的物理学发展水平已经足以支撑这一实践。

爱因斯坦的一生都致力于物理学研究，对他来说，物理学的理论基础有着难以解决的困难。爱因斯坦不断地思考着光究竟是什么。爱因斯坦的发现略显讽刺，许多同时代的人认为自己知道这个问题的答案，用他的话来说，这些"无赖"是错的。未知难解之事依旧存在，爱因斯坦十分享受这一点。1919 年，他在扬名于世之后，应记者要求，用一句话来总结宇宙的全新图景："之前人们相信，世界上的一切都消失的话，空间和时间还会存留；而根据相对论，空间和时间会同事物一起消失。"这一句话背后隐藏着太多秘密，人们终其一生都将为之惊奇。爱因斯坦还说了很多精妙的句子，这位热爱着德语的物理学家用这些句子表达着自己的观点。1999 年 12 月，《时代》杂志定义他为"世纪人物"。1930 年，他在为柏林广播展的开幕致辞时说："如果有人在不假思索地享受科学与技术带来的奇迹时毫无愧疚之意，那么他们所学到的，不比一只高兴地吃着草的牛对植物了解得多。"

怀着对物理学的热爱——虽然多数人认为这些话是他说给亲爱的上帝的，因为爱因斯坦说过，"上帝是聪明的，但他并不阴险"。他还坚定地宣称，上帝从不掷骰子。他的意思是，世界上一切物理现象都因宇宙本身而起。虽然爱因斯坦并不信仰个人的神，就是那种会干涉个体的人生，并且指明正确方向的神。但是在他思索自然，尤其是思索宇宙的过程中，他总会遇到那些需要神的指示的话题："我真正关心的是，上帝是否本可以把世界造成另一个样子；也就是说，逻辑上简单性的要求是否允许自由的存在。"还有一次爱因斯坦写道："我只想一个人静一静，我想知道上帝如何创造了这个世界。我所研究的正是他的思想。"

爱因斯坦信仰的神存在于事物的和谐之中，正如自然法则中所体现的那样。他称这种信仰为"宇宙信仰"。

爱因斯坦不仅研究"大物理学"，并且试图理解宇宙。他对"小物理学"也颇有兴趣，例如他解释了为什么搅拌时茶叶会集中在杯底的中部。爱因斯坦提出了"茶杯现象"，并且发现这一说法不仅能够解释桌面上的小小茶杯和茶叶身上发生的事情；还能够解释，为何地球上的河流会以蛇形曲线流动，为何北半球的河流主要侵蚀右岸。爱因斯坦关于"河流蜿蜒流动的形成"的思考，就与那段对未知的讨论写在同一册书中。它们被写在"关于科学的真相"那一章里，颇受爱因斯坦本人的重视。

# 12　当铀原子受到中子的轰击

莉泽·迈特纳

（1878—1968 年）

科学（……）引导人类承认事实、保有惊叹与敬畏之心，更遑论自然法则为真正的科学家带来的那份深邃喜悦与崇高敬畏。

科学洞见

　　莉泽·迈特纳生于维也纳。在那个年代，女性还不能参加中学毕业考试，但这个害羞的小女孩却在这个男人的世界里坚持了下来。1901年，她成了奥地利最早学习物理学的女学生之一。对于物理学，她有着一份难以平息的热情。她以博士生的身份来到柏林，向马克斯·普朗克学习，并且遇到了奥托·哈恩[1]，并与他建立了长期的合作关系。这支现代科学的顶尖团队研究了当时还非常神秘的α-射线和β-射线及其放射性。尽管两位的合作进展顺利，但身为男性的哈恩独自占据着高薪的职位，而莉泽则长期做着无偿的工作，只能待在地下室或盥洗室里，出入也只能走研究所的后门。

　　后来，她作为教授，得以在德国首都的一处威廉皇家研究所领导自己的团队——她的助手中就有日后的诺贝尔奖得主马克斯·德尔布吕克[2]和勤勉的卡尔·弗雷德里希·冯·魏茨泽克[3]。但对于诸多男性来说，她依旧是哈恩手下的一名助手；尽管每个知情的人都清楚，她对科学、对物理学的了解都要胜过哈恩。两个人共同的论文署名也被研究所的成员改成了"奥托·哈恩，莉泽·迈特纳"。20世纪30年代初期以来，哈恩和迈特纳这样的"现代炼金术士"就尝试将元素进行转换，这也正是古老的炼金术士们所做的。几个世纪

[1]　奥托·哈恩（1879—1968年），德国放射化学家和物理学家。

[2]　马克斯·德尔布吕克（1906—1981年），德裔美籍生物学家，他与美国生物学家阿尔弗雷德·德·赫希以及萨尔瓦多·爱德华·鲁利亚共同获得了1969年的诺贝尔生理学或医学奖。德尔布吕克是研究噬菌体的先驱。

[3]　卡尔·弗雷德里希·冯·魏茨泽克男爵（1912—2007年），德国物理学家、哲学家。他是第二次世界大战期间由维尔纳·海森伯领导的德国核研究小组成员中最长寿的。

前，人们想把铅变成黄金；如今哈恩和迈特纳则用中子轰击铀原子，来把重元素变得更重，使其转化为所谓的"超铀元素"。

1938年，正当这项研究进行得如火如荼之时，纳粹病态的反犹太主义政治侵蚀了实验室和他们的私人生活。奥地利同"第三帝国"联合的势力登上了政治舞台，早已受洗的莉泽·迈特纳作为"奥地利的犹太人"，被迫离开柏林。尽管她后来在瑞典安身，但她的生活却丝毫不轻松。她已经60岁了，孤身一人又身无分文，很难再开始新的生活。这样的困境，导致她一时无法进行任何科学实验。清晨，她站立的地方不再是设施齐全的实验室，而是空荡荡的房间。她被迫与朋友、与她所热爱的物理学分离，不得不生活在一个说着陌生的语言的国度。留在她身边的只有同事的信件。1938年12月，柏林的哈恩给她带来了激动人心的消息。哈恩和化学家弗里兹·斯特拉斯曼发现，当铀原子受到中子的轰击时，并不会产生更重的元素（超铀元素），反而产生了较轻的元素。哈恩写道，铀原子变成了钡原子，这说明，铀的原子核一定是分裂了。然而，这个实验结果，他既无法向自己也无法向别人解释清楚。

几天后——1938年的圣诞节前，瑞典下了一场大雪，莉泽·迈特纳的外甥奥托·罗伯特·弗里施拜访了她。当时，他正以物理学家的身份在哥本哈根工作。二人漫步于这冬日的景致中，思索哈恩的实验结果，并且给出了正确的解释。莉泽·迈特纳首先看出，这种分裂在物理学上是可能的，而且这个过程可以释放能量——也就是不久后打响的二战中，以原子弹的形式被用作军事用途的核能。这种情形似乎令人难以置信：圣诞夜，一位上了年纪的、无足轻重的女士——当时莉泽·迈特纳体重不到 50 公斤，在散步的路上发现，人们可以从原子核中释放大量能量并且摧毁世界。这可以说是创作一段故事的好素材，说不定还有人会相信这个故事。

同时，这个故事引发了许多问题：为什么莉泽·迈特纳对于物理学有着如此巨大的渴望？她究竟为何如此执着地追寻真理？放射性到底有什么特殊之处，使得它成为两位女性伟人——莉泽·迈特纳和玛丽·居里的生命课题？莉泽·迈特纳所写到的真正的科学家和那份喜悦与敬畏究竟想要表达什么？为什么奥托·哈恩独自获得诺贝尔奖的时候，她却被忽视了？

时至今日，诺贝尔基金会公开的档案解答了最后一个问题：有获奖裁定权的人根本就没有理解莉泽·迈特纳所做的事。她关于核裂变的解释结合了原子物理学最为精巧的基础知识和放射性理论的基本研究结果。当时没有人相信，一个女性可以这么聪明。

莉泽·迈特纳常常放眼于自己的实验之外，她以一篇题为《放射性对宇宙发展的意义》的文章取得了大学授课资格。她发表这篇文章的时候，一份报纸告诉读者，迈特纳女士进行了关于宇宙发展的报告。今天，她得到了人们的认可，第 109 号元素就以她命名。这个元素叫作"鿏"（Meitnerium），是一种放射性金属元素，其符号为 Mt。

# 13  人类智慧的奇迹

玛丽·居里

（1867—1934 年）

世间有何物，能比统御万物的永恒法则更令人赞叹？又有何奇迹，能超越人类智慧揭示这些法则的壮举？当面对这些由和谐定律交织的非凡现象，虚构的小说与童话，又是何等苍白无力！

科学洞见

如果想要撰写诺贝尔奖的历史，你会发现，你需要频繁地用到"居里"这个名字。玛丽·居里曾经的名字是玛丽亚·斯科沃多夫斯卡，她出生在华沙，姊妹们都叫她"玛妮亚"。她与陪她去斯德哥尔摩的丈夫皮埃尔·居里一同进行了放射线的研究。她不仅仅是首位凭借放射线的研究获得诺贝尔物理学奖的女性，她还是第一位两次获得诺贝尔奖的女性科学家。1911 年，她独自获得了诺贝尔化学奖，诺贝尔委员会在她的获奖说明中写道："她通过对镭进行描述及提纯，通过对这种重要元素的性质及化合物的研究，为镭元素和钋元素的发现做出了贡献，以此表示对这一功绩的认可。"

而居里夫人的第二次斯德哥尔摩之旅却只能由她独自完成，因为她的丈夫皮埃尔于 1906 年被一辆马车撞击身亡。此后，她开始与物理学家保罗·朗之万[1]交往，不幸的是，这件事被公之于众，因为有人把他们的情书传到了报刊编辑部。她想让情人向自己求婚，却没能如愿以偿，所以为了能去斯德哥尔摩，居里夫人只得放弃这段恋情。而斯德哥尔摩的庸人全都对这位成功的科学家嗤之以鼻，尽管人人都有足够的理由感谢她并且致以敬意。在她第二次参加诺贝尔奖颁奖典礼的几周前，她在布鲁塞尔的一场会议上展示了纯氯化镭，以此确立了"镭的国际标准"。居里夫人从未要求任何金钱上的报酬，因为居里夫妇两人最初就对这个问题达成了一致，他们放弃"以我们的发现（镭元素及其放射性）

---

[1] 保罗·朗之万（Paul Langevin, 1872—1946 年），法国物理学家。主要贡献有朗之万动力学及朗之万方程。

获得任何金钱方面的好处"。正如居里夫人所强调的,"我们没有
为这项研究申请专利权,毫无保留地发表了研究结果以及镭的生
产方法。我们将研究结果给予任何一位对它感兴趣的人,这对于
镭产业来说是一大善举,它可以自由发展,生产出医生和学者所
需要的产品"。

　　玛丽逝世后的第二年,也就是 1935 年,她的女儿伊雷娜与丈
夫弗雷德里克·约里奥 – 居里获得了诺贝尔化学奖,他们因"新
放射性元素的合成"而受到表彰。为庆祝获奖,居里夫人的小女
儿艾芙自然也去了斯德哥尔摩。她的丈夫以联合国儿童基金会
(UNICEF)总干事的身份被选为 1965 年的和平奖得主,因为他
"不知疲倦地为儿童的福利及世界各地的援助力量做出重大贡献"。
玛丽·居里于 1897 年,也就是 30 岁的时候,开始着手科学研究,
她学着精确并系统地测量铀元素向空气中放射出的少量物质。她
发现,这种射线有铀原子的性质,于是她尝试寻找带有相似特性
的其他矿物。她找到了钍元素,并且将这种与铀相似的现象称作
"放射性"。

　　每逢出场,她必定高唱科学的赞歌。比如 1933 年,她逝世的
前一年,在一场由诗人保尔·瓦雷里[1]发起的关于"我们文化的未
来"的讨论上,她以一段自白震撼了与会者:

　　"我是一个感受到科学研究特别的美感的人。实验室里的一位

―――――――――

[1]　保尔·瓦雷里(Paul Valery, 1871—1945 年),法国象征派大师,法兰西学院院
士。他的诗耽于哲理,倾向于内心真实,追求形式的完美。

学者不仅是一位技术员,他面对自然法则就像一个孩子面对着童话世界。我们不能让任何人相信,科学的进步就像一个机械装置、一台机器或是相互咬合的齿轮构成的传动装置那样,能够被完全理解——机械也是具有其美感的。我不相信,科学的冒险精神面临从世界上消失的危险。尤其是当我看到,自己身边存在着的冒险精神如此富有生机,它似乎是根深蒂固的,它与好奇心息息相关。"

玛丽·居里倡议,让科学精神给世界留下更加深远的影响。这么做是值得的。她凭借个人的努力,成为了"社会放射学的缔造者"。居里夫人为科学献出了自己的一生,也失去了自己的一生。她死于白血病,这很有可能是接触放射性物质导致的。

1938年,艾芙·居里撰写了母亲的传记,这本书的开篇写道:"她是一名女性,她生活在一个受压迫的国家,她很贫穷,她很美……她在巴黎遇到了一位男士,就像她一样,他也是个天才。她嫁给了他。他们的幸福是独一无二的。"遗憾的是,她的这份幸福是短暂的。

# 14 灵机一动

尼尔斯·玻尔

（1885—1962 年）

我们使用脏水和油污的抹布，却依然能将碗碟杯盏洗净。同样，尽管语言中充满模糊的概念，逻辑的应用范围也受着未知的局限，我们仍能借它们拨开迷雾，让自然之理清晰显现。

科学洞见

　　同行中没有一个人能像尼尔斯·玻尔那样获得人们如此高的崇敬与赞美。他在物理学方面的成就是，他制作出了第一个原子模型，并且借助这一模型阐释了元素周期表。

　　"玻尔对人性问题的深刻理解，以及他对身边的人的重大影响让我们确信，像耶稣、老子、孔子和佛陀这样的人是真实存在过的。"约翰·阿奇博尔德·惠勒[1]写道。阿尔伯特·爱因斯坦说过："玻尔无疑是我们这个时代科学领域最伟大的开拓者。他实实在在是一位天才式的人物，他的出现确为一大幸事。"

　　爱因斯坦的赞美令人惊讶，只因为20世纪的两位物理学巨人没能以物理学家的身份回答那些深刻的哲学问题。比如说，我们怎样去理解和面对原子起到决定性作用这一现实？如果了解了微观世界的原子以及宏观的宇宙中的自然法则，那么人们还有多少谈论上帝及其创造的余地呢？"上帝不会掷骰子。"爱因斯坦于20世纪20年代中期大胆地断言，这种说法让玻尔极为震惊。他觉得为上帝指定一种让世界运转的方法是非常狂妄的。这也正符合爱因斯坦的作风。尽管他们在观点上有着无尽的争论，在同行中总是自信满满的爱因斯坦，却总是切身地体会着玻尔和蔼可亲的性格和他充满疑问的神情背后那些貌似很疯狂的科学理念。爱因斯坦多次评价玻尔的物理学构想及其推论是"思想领域最棒的音乐"，他甚至觉得，他的创意从艺术中汲取了灵感，以解释物质的稳定秩序和组成宇宙的元素周期表体系。

---

[1]　约翰·阿奇博尔德·惠勒（John Archibald Wheeler，1911—2008年），美国物理学家、物理学思想家和物理学教育家。

在哥本哈根，玻尔一直都是一位模范式的人物。他以自己的人生和思索，向我们这些居住在地球上的人展示了，如何构建并且守护我们梦想中更加美好的世界。

"玻尔是一位不知疲倦的提问题的大师。"卡尔·弗雷德里希·冯·魏茨泽克年轻时就已经数次体会到这一点。二战后，玻尔称赞这位外交家的儿子是"物理学家中的苏格拉底"，尽管他因自己的思想而备受煎熬，但是他以这种迫切而坚定的方式，成为了一代自然科学家的老师。20 世纪 20 年代至 30 年代，这一代人不仅构建了全新且沿用至今的科学世界观，二战期间，他们还发现了借助人的理性释放原子核能量的可能性。这种能量能让本来平淡无奇的物质发出比 1000 个太阳更耀眼的光芒。如果了解玻尔并且想要和讲述这位大师的故事的人聚在一起，抑或是有人想要从历史的角度理解玻尔的声望和他的价值，那么他们很快就会提起玻尔独特的哲理笑话。这些趣事显示出他平易近人的幽默感。维尔纳·海森伯[1]就在他的自传《部分与整体》中讲了一个极具表现力、令人印象深刻的故事。故事发生在 1933 年，山上牧场一处简陋的小屋，大家刚刚滑完雪。饭后收拾卫生的时候，玻尔的任务是到厨房去清洗餐具。想必他做不惯这个差事，这时，永远保持警觉的他突然灵机一动，想出了被选作引语的那段话——我们的洗碗水和抹布是脏的，却依然能把盘子和杯子洗干净。我们的语言里也有不清晰的概念和限定不

---

[1]　维尔纳·卡尔·海森伯（Werner Karl Heisenberg，1901—1976 年），德国著名物理学家，量子力学的主要创始人，哥本哈根学派的代表人物，1932 年诺贝尔物理学奖获得者。

明确的逻辑，我们却能通过它们准确地理解世界。

参加了这场派对的卡尔·弗雷德里希·冯·魏茨泽克回忆说，这还不是故事的结尾。玻尔自豪地看着他的作品——光洁明亮的盘子和杯子，狡黠地微笑着说："如果对一位哲学家说，用脏了的水和抹布能把杯子洗干净，他是不会相信的。"这句话的作者觉得，洗碗的过程最终揭示了科学是如何运作并进步的。就好像一个不清晰的观点在不清晰的实验里得到验证，实验结果用不清晰的词句表达出来。三者相辅相成——对应洗碗时的餐具、水和抹布，产生了预期的明确性。试图不通过实验就获得对自然的认知，就如同洗碗时不用水。玻尔喜欢在说话前进行思考，并对语言进行加工。有一次他看到一座房子的大门上方装了一个马蹄铁，因为传说它能够带来好运。玻尔问了那些人是否真的相信这种说法。"当然不信，"人们都这样答道，"但是他们说，即使不相信，它也会起作用。"

# 15　原子现象的内在之美

维尔纳·海森伯

（1901—1976 年）

在未来世界的构建中，科学或许会比以往扮演更重要的角色。这不仅因它是政治权力的基础，更因它已成为当代人直面真理的场域。

科学洞见

当人们在公共媒体或是科普短文里谈到维尔纳·海森伯时，很快就会出现原子弹的相关话题。在 1924—1932 年的这段时间里，海森伯在他所钟爱的物理学的巨大变革中起到了关键作用。1932年，他也凭借这一贡献获得了该学科的诺贝尔奖。但是比起他的事迹——他给出了对原子的描述，明确了这些性质如何在实验条件下发挥作用，许多人仍然更加关心他没有做过的事情，那就是为德国制造原子弹。

海森伯来自维尔茨堡，他曾在慕尼黑向阿诺德·索末菲[1]学习物理，后者早在海森伯 20 多岁时就发现了他的惊人才能。因此，在这位学生的第一个学期，他就早早地把刁钻的原子物理学问题交给他来解决。海森伯完成了这个任务，老师便把他送到了哥廷根。1922 年，著名的丹麦物理学家尼尔斯·玻尔正在那里就他原子方面的全新构想进行一系列讲座。海森伯以犀利的提问引起了玻尔的注意，他先是邀请这位年轻的学生一同散步，后来又邀请他去哥本哈根。海森伯事后在他的自传《部分与整体》中写道，他真正的科学修习是从那次在哥廷根与玻尔一同散步开始的。20 世纪 20 年代，历史学家口中的原子物理"哥本哈根学派"出现，其根本观点是放弃了对自然的客观描述。玻尔和海森伯在这场无休止的争论之中认识到，观察的主体在原子层面的现实构建上起到一定作用。值得注意的是，1925 年，是海森伯首先阐明这种观点的。

---

[1] 阿诺德·索末菲（1868—1951 年），德国物理学家，量子力学与原子物理学的开山鼻祖。

也是在这一年，海森伯完成了学业，并在哥廷根入职。年初，他患上了严重的枯草热（花粉症），需要在没有花粉的黑尔戈兰岛养病。海面上与世隔绝的环境让海森伯能够全身心地投入到物理学问题的研究中去。这些问题长期困扰着他，它们的答案显然是非同寻常的。在黑尔戈兰岛的一天晚上，他找到了答案。后来，物理学家们在岛上立了一块纪念碑，以纪念海森伯的杰出事迹。

根据他的朋友也是他的学生的卡尔·弗雷德里希·冯·魏茨泽克的叙述，海森伯在黑尔戈兰岛上背诵了歌德的《西东合集》，他花了很多时间在这座红色岛屿的岩石上远足。但最让他费心的，还是新的原子力学的构思。马克斯·普朗克在1900年提出的量子跃迁的存在便起到了尤为重要的作用。

从学生时代起，海森伯就用尽各种数学方法去建立一套原子理论，但都以失败告终。他认为这一定是物质构成的基本观点需要改变，于是海森伯转而求助于哲学。他说自己不会再制作原子的（直观）模型，而只考虑测算的结果。他是在对氢这样的元素的光谱进行观察时得出的结论。

这种说法乍一听没什么大不了的，但是细想的话你就会发现它是相当具有革命性的。因为海森伯舍弃了看似理所当然的设想，即原子具有可被观察和测算的外观。电子的轨道是经由人为叙述产生的。原子本身是不具有形状的，它的形状是由物理学家构建的。因此，可以把原子理解成艺术天才的创作，而相关的物理定律则不是从原子身上发现的，也是创造出来的。

海森伯在自传《部分与整体》中讲述了黑尔戈兰岛奇迹之夜

的决定性瞬间。他遵循着哲学及物理的原则，在描述原子特性的时候仅参考实验中得到的量。物理学方面，海森伯专注于能量守恒定律的适用性，这让他在黑夜的掩护下，"将浮现在脑海中的数学语言"——他想要以数学语言表达原子的定律，"前后一致地"呈现出来。

他在面前的纸上一挥而就的，便是今天大学校园中讲授的量子力学。它极为成功，也极具影响力。当海森伯看到新的原子物理学的数学模型时，他"被深深地震撼了"。他"感觉自己透过原子现象的表面，看到了它内在不寻常的美的本质"。他知道，他不再像歌德的诗集里说的那样"只是个忧郁的过客，在这黑暗的尘世"了。

# 16 "怪胎"圈子里的倾听者

马克斯·玻恩

（1882—1970 年）

我属于尚能辨别智性与理性的一代。站在这个立场，航天事业是智性的凯歌，却是理性的溃退。

科学洞见

1932 年的诺贝尔物理学奖只颁给了他的学生兼助手维尔纳·海森伯，这件事肯定伤了马克斯·玻恩的心。无论如何，这两位与帕斯库尔·约当[1]一同完成并发表了著名的论文《论量子力学》，其中就包含沿用至今的原子物理学的基本规范。尽管以新的量子力学取代老的（经典）力学的神来之笔出自海森伯，但是，是玻恩首先将对应的数学语言变得简洁且符合教科书规范的。

幸好历史还算公平，瑞典学者玻恩没有被遗忘。1954 年的诺贝尔物理学奖就颁给了他（实验物理学家瓦尔特·博特[2]同为获奖者），以表彰他关于量子力学的基础研究。诺贝尔委员会认为，玻恩在研究原子的过程中引入了概率概念，因此将其作为他的个人功绩。玻恩说明了，对于原子，应当把物理学等式计算的对象理解为概率。例如一个电子占据某一特定位置的概率，或是电子以某一特定速度离开这一位置并继续运动的概率。马克斯·玻恩来自弗罗茨瓦夫，但他还是学生的时候就去了哥廷根。1906 年，他在数学家戴维·希尔伯特的指导下获得了博士学位。后来，他成为当地大学的教授，最终也在这座下萨克森州的城市逝世。如果通读玻恩的学术论文，我们发现其课题之多令人震惊。比如说，玻恩曾经提出一套相对论的刚体[3]理论；他曾经研究"晶格动力学"并且出版了一本同名书籍；他曾关注理论光学，

---

[1] 帕斯库尔·约当（Ernst Pascual Jordan，1902—1980 年），德国物理学家，量子力学主要创立者之一，矩阵力学创立者之一。

[2] 瓦尔特·威廉·格奥尔格·博特（Walther Wilhelm Georg Bothe，1891—1957年），德国物理学家、数学家和化学家。

[3] 刚体是指在运动中和受力作用后，形状和大小不变，而且内部各点的相对位置不变的物体。

并且撰写了一本该领域沿用至今的教科书。他还给出了原子波函数[1]的统计学阐释，这让他在 1954 年获得了物理学界的最高荣誉。而在此之前（1948 年），他就已经获得了马克斯 - 普朗克奖章。

1936 年，因为他的犹太出身，玻恩被剥夺了德国国籍。他移居英格兰，并于 1939 年成为英国公民，直到 1953 年他都居住在不列颠岛。这一年，哥廷根推选他为名誉公民，今天哥廷根还有一条街是以他的名字命名的。他的晚年是在巴特皮尔蒙特度过的，但他死后被葬在哥廷根的公墓。

物理学课题之外，玻恩还致力于研究哲学问题，他与妻子海蒂共同撰写了《良知的奢侈品》（ *Luxus des Gewissens* ），叙述了他们在"原子时代的所见所感"。玻恩与爱因斯坦则缔结了终生的友谊，1916—1955 年，二者有频繁的信件往来。其中就有爱因斯坦的金句（出自 1926 年 12 月 4 日的信件）："无论如何，我都确信，他（指上帝）不会掷骰子。"

玻恩诠释了这句话："爱因斯坦坚信，物理学给我们带来了有关客观存在的外部世界的认知。与许多其他物理学家的交流和长期的原子量子现象领域的研究经验让我逐渐相信，我们每时每刻都对客观世界有一个初步的、接近现实的认知；并且从这一认知出发，根据特定的规则，即量子力学的概率论，对未知状态（比如未来）进行判断。但是我们所能做的不止于此。"

1957 年，玻恩参与了《哥廷根宣言》的签署，这一宣言的主

---

[1]　波函数是量子力学中描写微观系统状态的函数。

要发起人是卡尔·弗雷德里希·冯·魏茨泽克，目的是反对国防军制造核武装。这也意味着他们的行为是对当时在任的核部长弗兰兹·约瑟夫·施特劳斯的直接攻击。

除了作为研究者的卓越贡献和作为哲学家的诸多文章，不得不提到玻恩作为教师的广泛影响。他在哥廷根建了一所理论物理学学校，培养了像玛丽亚·格佩特－梅耶[1]、维克托·魏斯科普夫[2]、马克斯·德尔布吕克、弗里德里希·洪特[3]和罗伯特·奥本海默[4]这样的人才。1928年，玻恩与奥本海默共同完善了所谓的"玻恩－奥本海默近似"[5]，借助这种方法，量子力学就可以在分子物理学中发挥作用了。

参加过玻恩于二三十年代在哥廷根讲授的讨论课的人可以深刻体会到，象牙塔对于科学有何等重要的意义。讨论课的参与者们——当时奥本海默、德尔布吕克和诺伯特·维纳[6]这些人应该是坐在一起的。他们当时似乎都与日常琐事纠缠不休，而玻恩对他

---

[1] 玛丽亚·格佩特－梅耶（Maria Goeppert-Mayer，1906—1972年），女性德裔美国物理学家，发展了解释原子核结构的数学模型，1963年获诺贝尔物理学奖。
[2] 维克托·弗雷德里克·魏斯科普夫（1908—2002年）是一位生于奥地利的美国犹太裔理论物理学家。详见75页。
[3] 弗里德里希·洪特（1896—1997年）是位来自德国卡尔斯鲁厄的物理学家，以原子、分子物理研究而闻名于世。
[4] 朱利叶斯·罗伯特·奥本海默（1904—1967年），美国犹太裔物理学家，曼哈顿计划的主要领导者之一，被誉为人类"原子弹之父"。详见83页。
[5] 玻恩－奥本海默近似别名是定核近似或绝热近似，是量子化学和凝聚态物理学中的一种常用方法，用于对原子核和电子的运动进行退耦合。
[6] 诺伯特·维纳（1894—1964年），美国应用数学家，控制论的创始人，在电子工程方面贡献良多。他是随机过程和噪声过程的先驱，又提出了"控制论"一词。

们给予了足够的理解，并且适当地帮助了他们。除此之外，当时刚刚出现的量子力学显得过于疯狂，致使人们认为研究它的物理学家们也都是疯子。玻恩对此也表示理解，这让他专业讨论课的参与者——这里指的是德尔布吕克，他向本书笔者讲述了这些——留下了一种活在"怪胎"圈子里的印象。奥本海默发言的时候，只能听见他无助地发出"呃——嗯——"的声音，但是玻恩总是会专注地倾听。如果他听到了重要的内容，就会转述给大家。

沃尔夫冈·泡利

（1900—1958 年）

**科学洞见**

我们不该苛求造物主以情感担保善人康健无忧。世间尚有万千事物需这位操劳的创世者权衡，而我至今难明其理；能见他将世界经营至此般境地，便该心怀感激了。

如果请求专业人士通俗易懂地介绍一下不太知名的天才沃尔夫冈·泡利，那么最先听到的很可能是一些故事。这些故事让这位物理学家显得有些笨拙。比如他会递给助手一个木塞起子，让他帮忙打开一瓶香槟，但大多数的故事还是让他显得相当自信。据说，泡利死后来到了天堂，便马上要求跟上帝谈话。上帝现身了，问泡利想要什么。"我想知道，"他回答道，"为什么并非所有物理定律都是镜面对称的。为什么自然中有些过程的镜像是不可能存在的？这有粉笔和黑板，请告诉我原因。"上帝有些尴尬地环顾四周，开始在黑板上写下公式并将它们联系起来。"啊，这简直是胡闹，"泡利喊道，"这样是不行的，我自己都试过了。"

1927 年，泡利住在汉堡。他想在苏黎世联邦理工学院正式担任理论物理学教授，所以他简历的开头就写着："本人生于 1900 年 4 月 25 日，是大学教授及医生沃尔夫冈·泡利之子。"泡利接着又写道："1918 年，我毕业于人文文理中学，后在慕尼黑大学学习了 6 个学期。我的理论物理教师是阿诺德·索末菲教授，他给我的启发，对于我科学素养的培养至关重要。首先，我研究了相对论的相关问题，并就此发表了几篇短文。我曾受托于索末菲，为数学百科全书撰写了一篇总结性文章。不久后，我转而研究量子与原子物理学问题，至今我仍从事这一领域的研究工作。1921 年 6 月，我在慕尼黑取得博士学位，我的博士论文介绍了一种特殊的分子模型。"

他叙述了自己后来当助手的经历之后（他曾在哥本哈根做尼尔斯·玻尔的助手），又说起了他的下一份工作。"1924 年初，我凭借一篇关于爱因斯坦的辐射量子理论的统计学定律的总结性论文获得了大学授课资格。1924 年底，我写了一篇关于普遍的原子结构原理的论文，这篇文章至今多次作为参考文献被引用，意义重大。"

上述文章让泡利获得了 1945 年的诺贝尔物理学奖，自此他的名字为这一学科的历史所铭记。上述"原理"就是在原子领域通用的"泡利原则"，又称"泡利不相容原理"。该原则限定了电子的运动方式。简而言之，这些构成原子的粒子不能重复，不能以同样的方式运动。根据泡利的原则，一个电子的运动是不能与相邻电子重复的，它必须以独有的方式运动。泡利不相容原理获得了巨大成功，也广为人们所接受。借助这一原理，原子的延展性质和化学键的形成得到了解释。泡利的文章发表于 1925 年初，它是经典物理学体系走向衰落的转折点。"泡利不相容原理"推动了科学世界观的变革。在这个过程中，直观的描述和简易的模型胜过了由伽利略和牛顿建立的力学，它们被新奇的理论——量子力学替代了。这些理论的出现致使旧的理念开始瓦解。也许这一切并非偶然，这就发生在泡利出生的那一年。而大约就在他获得上述苏黎世联邦理工学院聘任的那一年，这些理论的初步建立告一段落。泡利决定前去任职。1928 年初，他来到了苏黎世，他一直在这里生活了 30 年，直至逝世。

泡利曾是一名神童。高中毕业考试后，这位刚满 18 岁的大学新生就发表了他的第一篇学术论文。他就引力场的能量提出了自己的看法。这是爱因斯坦几年前在广义相对论中提出的。这个理论相当复杂，物理学家们甚至私下议论，说能够理解爱因斯坦理论的科学家用手指就能数得过来。而如此年轻的泡利就是这个时代顶尖的物理学家之一。他颇有影响力，以至受托撰写著名的数学百科全书中相对论部分的说明文章——这本应是爱因斯坦本人的工作。

　　泡利有一篇长达 200 页的文章在 1921 年发表，爱因斯坦看后激动不已："通读这篇成熟而详细的文章，很难相信，作者只有 21 岁。我找不出任何纰漏，最让人震惊的是他理解问题的思维过程，数学演绎推理的严谨，深刻的物理学见解，清晰而系统化阐述的能力，文学素养，事实的完整度以及评论的可靠性。"人们对于泡利知之甚少，实属遗憾。我们的文化因此缺失了充满光辉的一页，早该有人为他作传。

埃尔温·薛定谔

（1887—1961 年）

科学洞见

若我们不愿永远放弃真正的目标——那直接、透彻而完整的认知，便须有人敢于整合事实与理论，即便所知皆是二手残缺，哪怕此举或将沦为笑谈。

埃尔温·薛定谔的一生是非同寻常的。实际上，他曾经希望自己能在哈布斯堡边境的一所有点与世隔绝的大学教物理，好在工作之余钻研哲学，尤其是印度的哲学思想。然而在 20 世纪 20 年代中期，维尔纳·海森伯提出了新的原子描述方法及原子的量子跃迁，这让他颇为恼火。因为这样一来，现实就好像是由物理学家们一手创造的了。薛定谔开始着手研究，想要找到一种客观而肯定的描述方法。而他似乎也做到了。他提出了今天著名的"薛定谔方程"，获得了 1933 年的诺贝尔物理学奖。

令人失望的是，他的方程不能反映现实本身。它得出的结果仅仅与如何计算现实有关，这让薛定谔极为恼怒。他说自己为了揭穿量子的这场闹剧，设计出一个荒谬的体系，结果它却让自己出了名。

这里提到的就是"薛定谔之猫"，可以说它的出现使 20 世纪 30 年代的人们看到了世界之光。实验中它被关在一个盒子里，只要放射性原子保持稳定，不发生衰变，就什么都不会发生。如果放射性原子衰变了，释放出的能量就会触发一个机械装置，产生一种毒气，杀死这只猫。观察者不知道盒子里发生了什么，但是他可以通过一个活门查看猫的状态。这时（海森伯和薛定谔的）量子力学便会预测，只要情况还没有得到确认，那么，猫所处的状态是不确定的。这样薛定谔就面临着一个问题，观察者通过窥孔确知猫已经死亡，那么猫的死是不是观察者造成的呢？

然而，薛定谔认为，整个量子世界都是荒谬且有缺陷的。在这一点上，他与阿尔伯特·爱因斯坦达成了一致。纳粹掌权之前的几年二人都在柏林工作。一天下午，薛定谔与妻子坐在一起喝茶，妻子问他，为什么搅拌以后茶叶都会聚集在杯底的中央。薛定谔回答不上来，但是他知道爱因斯坦的电话号码，于是他向爱因斯坦求助，后者为他解决了这个问题。

薛定谔在柏林待的时间比爱因斯坦稍久一些。他对那些在他看来毫无教养的纳粹只有嗤之以鼻。据说他曾经对着几个纳粹党人吐唾沫。作为奥地利人，他在回国之前一直受到保护。但由于反对希特勒夺取政权，为了躲避纳粹的迫害，薛定谔还是及早地转移了。他起初想在格拉茨[1]安身，但很快便得到消息，一位数学家成了爱尔兰的总统，并且想要邀请薛定谔到都柏林来，因为爱尔兰政府在这里建了一所"高级研究院"。这个消息令他喜出望外。

薛定谔接受了邀请，他的愿望也得以实现——他可以在一所有点与世隔绝的大学里，不受干扰地追求他精神上的爱好了。爱尔兰的都柏林很适合他，也让他实现了愿望。首先，薛定谔受过双语教育，他说英语不仅毫不费力，还很享受。其次，在这里当一个花花公子要更容易，他终其一生都乐此不疲。他除了妻子之外，还有众多的情人，他为她们作诗，甚至还发表出来。

他在都柏林时做过的最有影响力的活动当数1943—1944年在他的学院举办的"薛定谔讲座"系列。讲座中，他试图以物理学家的视角来回答"生命是什么"。二战结束时，他就此问题出版了一本书，至今仍不断再版。薛定谔在书中给出了异常漠然的回答：……存在一种基因编码，未来的生物学核心问题就是有关基因

---

[1] 奥地利第二大城市，东南部工业、交通、文化中心，施泰尔马克州首府。

性质的问题。令人惊讶的是，薛定谔的书里出现了许多错误，但我们不应将它们归咎于作者，因为这是受当时科学水平较低所限。这一点说明，若要描绘自然或是生命的图景，最关键的并非事实。事实的变化往往要快过教科书的发行周期。

通常说来，薛定谔的《生命是什么？》一书里最值得一看的部分是这位物理学家的自白。他说，自己并非生物学的专业人士，但是他认为生命是一个过于宏大的主题，只借助几条定理是无法讨论它的。作为物理学家，他当然可以大言不惭地给遗传学家和生物学家以建议。但是如果以科学思维将这个话题进行下去，就要敢于出丑，还要勇于接受批评。《生命是什么？》的出版恰逢其时，许多物理学家从战场上回来，正在寻找没有冲突的研究领域，这本书便成了他们的精神食粮。薛定谔认为，基因足以成为诸多研究方向的基础。这种观点是相当有潜力的。不久后，分子生物学兴起，它描述了基因的结构——DNA 双螺旋。

# 莫扎特、量子力学 和更加美好的世界

19

维克托·魏斯科普夫

（1908—2002 年）

科学洞见

我无法终日栖居科学之境。需借音乐艺术切换视角，正如谚语所言："晨自玄奥转现实，暮由现实归玄奥。"人生须得此般多元通达。

3

维克托·魏斯科普夫来自维也纳。他写过自传，其英文原版题为《洞察的乐趣》（*The Joy of Insight*），而德语版的出版社认为应当翻译成《我的一生》（*Mein Leben*）。这本书于1991年出版。他在开篇写道："我生于中欧，并在这里成长。我在新时代的潮流推动之下移居美国。我经历了两次世界大战。一次是作为孩子，另一次则作为研发炸弹的工作人员……年轻时，我接触到了欧洲科学、艺术和音乐方面的优秀文化。我眼看着这些文化被纳粹摧毁，又在战后复兴。"

尽管受到了政治和文化上的冲击，魏斯科普夫还是认为，他所经历的这一个世纪，"带来了自然科学的空前发展"。他的感受，正如查尔斯·狄更斯所写："这是最好的时代，也是最坏的时代。"

科学研究是魏斯科普夫的职业，而在实践过程中他确信："音乐是我的信仰。"8岁时，他就开始上钢琴课，他一生中尤其欣赏莫扎特的作品。魏斯科普夫在自传的最后一章里说，"莫扎特、量子力学和更加美好的世界"之间是密不可分的。首先，他沉浸在莫扎特的音乐中或是研究量子力学，并且在逐渐熟悉这两种文明成果的过程中，所体会到的幸福感是相同的。其次，如果人们同时动用智慧和情感来规划他们的生活，那么更美好的世界就不只属于个人，它是属于全人类的。怀着理性的思考，人们建造起房屋，建立起社会，同时不忘满足心灵的愉悦。理性思考的能力和对于神秘的追求，这两者应当是互补的。

当时，魏斯科普夫就抱着这种理念在尼尔斯·玻尔身边工作。在哥本哈根，他还认识了他的妻子艾伦。从1932年起，他们就生活在一起，直至 1989 年艾伦逝世。

合成词"互补性"（Komplementarität）指的就是原子物理学的研究经历，比如描述光这样的事物只能靠相互矛盾的两面分析法。因为它既像波又像是粒子，但无论哪种描述都有不确定性。玻尔很喜欢这样做，在阐述物理学思维之后说，对于自然的描述总是存在第二种方法，它尽管与第一种背道而驰，却同样是合理的。要充分解释某一现象，两种方法都是必要的。

比如说，我们可以将自然描述成"地球母亲"，也可以说它是各种材料的来源。关于莫扎特和量子力学之间的区别，前者更多地需要用心体察，后者则更需要头脑。我们总是拥有两种可能性。我们可以把塑造我们的世界单纯地理解成互补的描述的总和，或是以互补的经验来感知它。但是我们偶尔也要尝试用头脑思考莫扎特，用心去感受量子力学。

在魏斯科普夫所说的更美好的世界里，互补的相对事物之间能够进行深层的交流，就如同魏斯科普夫一生中所领悟到的，艺术与科学在本质上是一致的。于他而言，"一边是艺术与音乐，另一边是科学，二者从根本上给人以不同的体验"，但重要的是，它们都激发了人性。只有当我们将艺术与科学看得同等重要，而不是把它们当作两种文化加以区别对待，世界才会更加美好。

魏斯科普夫在哥廷根、莱比锡、哥本哈根和苏黎世学习期间，曾有幸与几位物理学界的泰斗合作，比如维尔纳·海森伯、沃尔夫冈·泡利和玻尔。后来，由于他的犹太出身，魏斯科普夫被迫移居美国。他成了世界闻名的麻省理工学院（MIT）的教授。20 世纪 60

年代，他回到欧洲，以部长的身份在欧洲核子研究组织（CERN）工作了5年。二战期间，魏斯科普夫也参与了曼哈顿计划。1945年7月，他亲眼见证了世界首个原子弹爆炸试验，他决意，从此不再参加任何武器的研发。当时，欧洲的联合运动得到强烈的支持，欧洲的"经济奇迹"也达到了高潮。如此一来，他在CERN的工作负担也减轻了。魏斯科普夫一生都致力于深化粒子物理学的研究。20世纪50年代末至60年代初，这一学科使得探查物质最内部的构成成为可能，这使该学科具有一种独特的魅力。当人们得知原子的结构——质子和中子根本就不是最基本的微粒，它们仍有内部构造时，世界最内部的样貌又变得神秘莫测。它们究竟由何组成？这正是CERN所关心的问题。

# 原子能与人的自由　

## 20

罗伯特·奥本海默

（1904—1967 年）

**科学洞见**

科学领域的深刻发现，并非因其有用，而是因其能被揭示。

"罗伯特·奥本海默的故事"，这是 1922 年出生的海纳尔·奇普哈特[1]在 20 世纪 60 年代为电视节目所写的"场景报道"的题目。黑森州电视台于 1964 年播出了奇普哈特的作品，其中提到了一起"无疑有着深远影响的"事件。这次场景报道是在一起历史事件的基础上创作的，这一事件以"奥本海默事件"广为人知。1954 年 4 月 12 日，美国参议院的一个科研委员会在华盛顿哥伦比亚特区展开调查，他们希望在制造氢弹"超级"时，调查战时曼哈顿计划中，负责研发核武器的原子物理学家奥本海默在后来的冷战期间是否忠于祖国。战后，奥本海默在新建成的美国原子能研究所以顾问的身份负责管控国际核能使用，并反对苏联与美国之间的核武器军备竞赛。

审讯持续了几个星期，审讯过程被详细记录。奇普哈特参考这些文件完成了电视节目的创作。

这些文字的作者就像他同时代的人一样，第一次把奥本海默这个名字与政治联系在一起。这样使人们觉得，原子弹实验成功应当归功于这位来自纽约的物理学家，以及他的组织才能和社会责任心。不可否认的是，奥本海默的确曾在 1943—1945 年负责美国的核武器实验室，我们不能对此视而不见。奥本海默从小在曼哈顿富人区的优越环境中长大，学生时代他开始攻读理论物理学专业。他在哥廷根上过马克斯·玻恩的讨论课，精妙的数学功课和略微清高的气质让他有别于众人。

---

[1] 海纳尔·奇普哈特（1922—1982 年），德国作家。

20 世纪 30 年代，奥本海默开始研究宇宙观[1]。阿尔伯特·爱因斯坦于 1915 年提出的广义相对论使这种研究成为可能。借助相关的物理公式，可以预言启示录式的世界末日。基于宇宙的质量，爱因斯坦的公式可以推导出整个宇宙的崩塌，这在今天是众所周知的。而奥本海默却是第一个指出这一事实的人。那时，他还在普林斯顿的高级研究院与阿奇博尔德·惠勒和爱因斯坦合作。此后，他才来到新墨西哥海岸，为了祖国和人民的利益而承担起曼哈顿计划。

单从物理学方面来看，奥本海默的观点来源于爱因斯坦的宇宙物理学中存在的数学上的可能性：一旦一个巨大的恒星中聚集了足够多的质量，这些物质将变得不再稳定。它们将以最为奇特的方式运动，并且由于自身重力的影响更加紧密地靠在一起。首先只是密度增大，就像我们平时团一个雪球再把它压紧。然后重力便影响到原子本身，它会把电子挤压到原子核里去。这时核内会产生中子，多余的中子会造成新物质的产生。后来恒星上确实发现了这样的物质，因此这样的恒星也被称作"中子星"。中子星上有大量像邮轮或是波音 747 一样重的物质。以质量聚集为开端的这一进程还远没有结束。1939 年，奥本海默向惠勒报告说，中子自身也是会崩塌的，这一过程会不断进行下去，直到所有物质都崩塌成一个点。理论物理学上将这个点称作"奇点"。奥本海默推断，所有的质量都会启示录式地消失在这一点上。

---

[1] 宇宙观，就是物质的时空观。

　　尽管有洛斯·阿拉莫斯国家实验室[1]，但身为犹太人的奥本海默绝对不希望在纳粹的手上看到原子弹。虽然他的内心对于制造氢弹有所抗拒，可科学研究一直深深地吸引着这位"原子弹之父"。但正是这种态度启发了《奥本海默的故事》中的情节，他看到前辈遇到了难题，并且觉得自己有能力解决它们。他觉得那些问题都是"小事一桩"，便把道德上的顾虑抛诸脑后，着手解决那些理论物理学问题。

　　20世纪50年代，他出版了一本书。他在书中探讨了"原子能与人的自由"这一主题。他通过一系列文章阐明了"自然科学的胜利"和"科学家与社会"之间的关系。前一篇文章中，奥本海默说明了"科学如何改变了人类存在的前提"。在他看来，重要的是"过去的几个世纪里，科学上的发现及其实际应用不仅改变了物质条件，还改变了诸多精神层面的活动"，例如"道德抉择的关注点"。科学最令奥本海默振奋的一点在于，"它把教育从特权变为一般权利"。他赞同托马斯·杰斐逊[2]的观点，后者曾探讨过"科学的友好精神"，"这种精神将人们团结成一个家庭"，无论他们分散在地球的哪个角落。

---

[1]　该实验室建立于1943年，发明了世界上第一颗原子弹和第一颗氢弹，是著名的科学城和高科技辐射源。实验室于1943年开始秘密运转，当时的第一个任务是执行曼哈顿计划。
[2]　托马斯·杰斐逊（1743—1826年），美利坚合众国第三任总统，同时也是《美国独立宣言》主要起草人，是美国开国元勋中最具影响力者之一。

# 物理学世界观 21

卡尔·弗雷德里希·冯·魏茨泽克

（1912—2007 年）

**科学洞见**

切莫说物理学破解了自然之谜，它只是将谜题引向更深邃的玄奥。

卡尔·弗雷德里希·冯·魏茨泽克在世时给许多人留下了相当深刻的印象。就连著名的评论家、《时代》杂志的编辑玛利昂·格莱芬·冯·登霍夫也认为，他的知识储备是非常人所能及的。"有两门学科是他同样拿手的，因为攻读物理学专业之后，他又修完了哲学专业。从远东的处世之道到基督教义，他都了如指掌"，格莱芬震惊地评论道。她始终没有提到，这位众人看来无所不知的物理学家及哲学家身上总是贴着这样的标签——一位"和平科学家"。大多数同时代的人都记得他在这方面的作为，尤其是那些被魏茨泽克提出的理论难倒的人。这些人只对原子稍作研究，便转而研发核武器，与此同时，他们却看到魏茨泽克致力于阻止核武器的制造。大约在1957年，他发起了著名的《哥廷根宣言》，其中，18位原子物理学家对国防军的核武装发表了反对意见。5年后，魏茨泽克在《图宾根备忘录》中将矛头直指当时的国防部长弗兰兹·约瑟夫·施特劳斯，因为后者仍寄希望于核武装系统。由此，1963年，魏茨泽克获得了德国书业和平奖[1]。1970年起，他在马克思－普朗克研究所研究科技世界的生活条件，希望构思出一套"世界对内政策"，以杜绝核战争的危险，对抗环境破坏和日益升级的南北冲突。

通过这个简略的提纲，卡尔·弗雷德里希·冯·魏茨泽克就已经将生命的广度展现了出来。他生于1912年，他的父亲是1949年在纽伦堡因反人道行为遭到判处的外交部顾问恩斯

---

[1] 德国出版业一年一度的大奖，用以表彰在促进不同国家和人民之间互相了解中有突出贡献的文化人士。

特·冯·魏茨泽克；而他的弟弟理查德（1920—2015 年）则曾在
1984—1994 年担任德意志联邦共和国总统。

即使这样广泛的政界活动也会在卡尔·弗雷德里希·冯·魏
茨泽克所亲身经历且亲手发动的科学变革面前黯然失色，全新的物
理学世界观也是这场变革的产物。这个议题产生于 1943 年，也就
是战争年代的早期和最为艰难的时期，至今仍具有讨论价值。对
此，他本人就是最有说服力的例证。《物理学世界观》以精致的语
言和使人信服的哲理，反映出从决定论定律为代表的经典科学理论
形式到量子跃迁及其概率为代表的形式的戏剧性变化——后者诞
生于 20 世纪 20 年代（首先要归功于 1901 年出生的维尔纳·海森
伯）。本章开篇的引语就出自这本书。

尽管今天我们常说"对后代当行宽恕"，魏茨泽克却不得不
承受"对后代的诅咒"，因为新的物理学尽是由 19 世纪或最晚到
1902 年出生的科学家开创的。当时他未来的老师海森伯驳斥了哲
学家伊曼纽尔·康德的观点，并发现了"没有因果关系"的事件，
这个消息震惊了魏茨泽克，那时他刚满 15 岁。海森伯向这个男孩
说明了原子层面的不确定性。15 岁的魏茨泽克体会到，新的物理
学及其相应的世界观将会对 20 世纪的哲学研究产生巨大影响。

20 世纪 30 年代，由量子跃迁理论产生的对原子及其稳定性的
理解得以拓展并应用于原子核，以探究其聚合和转化过程。魏茨泽
克于 1937 年写的《原子核》一书中，就包含他对这一物理学课题
的贡献。一年后，一切都变了。原本不受政治驱使的科学成了战争
策略的道具，这一切都发生在二战前夕极为动荡的年代。

科学上决定性的进步在于核裂变的发现。核裂变的发现是由奥托·哈恩等人在柏林一处研究所里完成的，卡尔·弗雷德里希·冯·魏茨泽克曾是这家研究所的助手。尽管对哈恩在铀元素身上观察到的现象给出科学解释还要花上一段时间，但是在柏林，没有人会忽视这一过程中"有核能的释放"以及它"作为武器应用"制造炸弹的潜能。这种炸弹的威力"会比迄今为止所有的炸弹强大得多。希特勒可能会掌握这种武器，这让哈恩感到深深的恐惧"，当时 26 岁的魏茨泽克写道。他从化学家哈恩那里来到哲学家格奥尔格·皮希特身边，与他讨论当下的情形。1938 年，他总结道："1. 一旦核武器成为可能，世界上就会有人来制造它。2. 造出核武器以后，世界上就会有人将它用于战争。3. 也许只有消除了战争的机制，人类才能在充满现代科技的世界上存活下来。"

如今，人们仍在为此努力。

理查德·费曼

（1918—1988 年）

科学洞见

科学如同性爱。有时会有意外收获，但这并非我们投身其中的初衷。

理查德·费曼从来都不是一个谦逊的人。20 世纪 60 年代初，他在帕萨迪纳的加州理工学院讲授了传说中的"费曼物理学讲义"。他认为，其他教授负责把他讲的内容记录下来是理所当然的。但费曼并没有发现，听课的学生们越坐越靠后，因为教员们坐在了那些位置上。费曼讲的物理学深奥而灵活，难倒了初学者，却令高阶的学习者兴奋不已，后者也帮助他整理出版了 3 本书。尽管距离这些书出版已经过了几十年，但是原文的词句和质量都丝毫没有折损。理查德的讲义就像圣经经文一样被引用，举个例子，《讲义》第一册，第 37 章的内容。这一章讲的是量子的基本性质，它是在证明尽管是在量子力学的框架下用数学方法给出的，却避免了缺少数量的认知方法。许多同行都赞同并且引用费曼所写的话：

"要理解量子力学中事物的视角总是很困难的。至少对我来说是这样，我的年纪已经很大了，却还没能达到通晓一切的境界。对于这一点我总是感到不安。你们都知道，每个新观点都要经历一代或两代人，才能被研究透彻，不再存在任何问题。我无法找出真正的问题，因此我推测这种问题是不存在的。但我又不确定，实际的问题是否真的不存在。"

《费曼物理学讲义》共三卷，封面是鲜艳的红色，有着别致的排版，作者也因此被授予了诺贝尔物理学奖，以表彰他对量子电动力学（QED）所做的贡献。QED 是对 20 世纪初期量子理论的拓展延伸，费曼在他的课上进行了相关讲解。他的量子力学阐明了原子的稳定性；同时，QED 涉及了光与物质的相互作用，并且做出了与实验数据相一致的预言，令人震惊。

费曼为其论述创造了一种新的物理语言，结合了传播算子和路径积分（Path integrals），可以以图表的形式进行直观的表述。今天，这种图表就以他命名。费曼图成了他的最佳理论成果，人们研究物质与光的相互作用时，就会用到它。它也让费曼在同行中的名声日益高涨。

在出身纽约的费曼来到加利福尼亚之前，他曾在纽约州的康奈尔大学任职。更早些时候，他曾在洛斯·阿拉莫斯（新墨西哥）参与美国的原子弹计划。1943 年，25 岁的费曼来到这座海滨城市，曼哈顿计划的负责人，物理学家罗伯特·奥本海默把计算原子弹射程这一艰巨而责任重大的任务转交给他。当时，完成这项计算是不能借助计算机的。

费曼也利用他在洛斯·阿拉莫斯的时间扮演"破解者"的角色。他将绝对机密的文件从用数码锁加密的、看似安全的保险箱中毫不费力地取出，以证明破解它有多么容易，这让他的同行们瞠目结舌。他本人对此所作的说明记录在了题为"保险箱破解者组曲"的 CD 上。这张 CD 上还可以听到费曼拿手的小手鼓演奏。在他的物理课上，可以看到活跃的学者们咧嘴笑着敲鼓的画面。

这样的生活听起来很欢乐，但是身处洛斯·阿拉莫斯的费曼也不得不面对妻子阿琳死于肺结核的事实。他发疯一般地工作，却终生不能走出这份伤痛。他花了很长时间才找到能让自己开心的女性。有一天有人对她说，她的丈夫是世上最聪明的人，她答道："最好不是这样，不然世界会受不了的。"

他的同行却对这种看法不以为意，到处寻找着导师费曼的智慧的蛛丝马迹。

1959 年，他在课上建议工程师们制造更小型的器械。"底部还有很大的空间。"（There is plenty of room at the bottom.）他大声地对他们说。起初，费曼所想的只是小于 1in 的 1% 的电子器械。过了不到 1 年，这种器械就被制造出来了。今天，根据许多费曼爱好者的解读，他开启了此后盛行于世的纳米技术研究的大门。在费曼生命的最后，他甚至将自己的名声从科学界带到了整个社会。正如他本人所说，1986 年，在他被诊断出癌症以后，他生命的时间就是"借来的"。尽管如此，他仍同意帮助调查"挑战者号"失事的起因。费曼加入了相关的调查委员会，并指出科技的弊病。对这些弊病的考查使他得出这一普遍结论："一项成功的技术的先决条件在于，它的实际意义要优先于对它的宣传，因为我们无法欺骗自然。"英语的原话是这样说的："For a successful technology, reality must take precedence over public relations, for Nature cannot be fooled."

# 科学之王

数学和计算机科学的见解

# 01 数学的精髓在于避免计算

卡尔·弗里德里希·高斯

（1777—1855 年）

如同闪电划破长空，谜题骤然得解。即便是我自己，也无法理清那些已知的线索、曾经的尝试与最终成功的答案之间，究竟是如何贯通的……

科学洞见

卡尔·弗里德里希幼时就已经展现出他在数学方面的创造力，尽管数学课给许多人留下了糟糕的回忆。高斯在布伦瑞克市度过了他的童年，那时他遇到了一位好老师。老师很快发现了小"C.F."的才能。"C.F."是他名字的缩写，高斯自己也很喜欢这个缩写，所以采用了它。说到高斯，就会不可避免地提到一件有趣的轶事：数学老师为了惩罚学生，让他们把从 1 ~ 100 的数字相加。同班同学都在一步一步地按照"1+2+3+4+5……"的方法慢慢地计算，高斯却只是坐着思考。他似乎早已知道，数学的精髓在于避免计算。思考的过程中，他发现，100 个数字当中，第一个数与最后一个数、第二个数与倒数第二个数、第三个数与倒数第三个数……（依此类推）相加都等于 101。只要将这个数字乘以 50，那么 1 ~ 100 的数字就都包含在里面了。不用大量计算，高斯就知道，相加的结果应该是 50×101，也就是 5050，于是他就只把这个数字写在了自己的黑板上。

高斯的首个几何学发现也是在他相当年轻的时候完成的。1796 年 3 月 30 日，他找到了一个问题的答案，自古以来人们为了这个问题绞尽脑汁，却始终没能解决。这一天，他仅用圆规和直尺就画出了一个规则的十七边形；作为补充，高斯还说明了如何用这种方法画出所有多边形。

这位伟大的数学家于 1855 年逝世，他向这个世界馈赠了约 50 条基本数学法则及定理。他提出了"高斯平面"，在这个平面上除了通常的数字——学界称其为实数，还有虚构的数字，即"虚数"。值得一提的是，在高斯之前的几个世纪里，许多人都将这种数字看作是恶魔之作。

高斯一生中还提出了"高斯积分"、最小二乘法原理和一种加密法则，后者在今天进行线上转账时仍被用于隐藏个人数据。然而，比起数学家口中的"高斯正态分布"，这一切都相形见绌。这种分布呈钟形曲线，在欧元普及之前，它被印在了最后一版的10马克纸币上。正态分布可以用来计算生活中一切统计数据与正常值或平均值的偏差。医学中的剂量－药效曲线、特定人群的智商和死亡率都可以用钟形曲线来描述。高斯对此也很感兴趣，他想知道，国家的资金是否足以支付他死后妻子的养老金。

高斯去世后，他的大脑被摘除，并保存在哥廷根生理研究所，但100年来都没有引起人们的注意。建新楼的时候，人们找到一个玻璃器皿，上面贴着标签"78岁男性大脑，C.F. 高斯，死于1855年，带皮鲜重1492g，去皮1415g，1856年5月15日再次称重为1016g"。

世界的骄傲和精神的榜样就这样离去了，人们想要通过解剖来寻找这颗大脑上特殊且多样的才能的痕迹，也许正是它们让大脑的主人如此出众。纵览高斯的一生，你会惊异于他所研究的课题之多。他兼顾了数论和概率论，致力于研究土地探测和大地测量学、行星轨道和天文学，对光学的理解、电报的研发以及物理学基本原理的认识都做出了贡献。一切都显示出，他是一个含蓄内敛的人。尽管他育有5个孩子，但他放弃了加薪，因为不那样的话他就不能授课了，这才是他最不希望看到的。

高斯和物理学家威廉·韦伯[1]一同在哥廷根天文台发出了第一份电传，这一刻，电报诞生了。高斯建议以这句格言来做这份电报的内容："真知胜于臆断，本真胜于虚饰。"（Wissen vor Meinen，Sein vor Scheinen.）

高斯晚年疾病缠身，但他并未停下研究的脚步。直到逝世之前，他还在学习俄语，以便阅读数学家尼古拉斯·罗巴切夫斯基[2]的几何学原文。高斯早就怀疑，人们从古人那里采用并冠以欧几里得之名的几何学观点是否符合事实。在欧几里得几何中——字面译为"世界测量"，三角形的内角和为180°。俄罗斯人罗巴切夫斯基提出一种空间的曲折几何图形，高斯开始思考这种曲折空间中的计算方法。他不太同意伊曼纽尔·康德在其《纯粹理性批判》中的观点，康德认为欧几里得几何是完全忠于经验的。高斯认为这种观点于事无补，他展示了数学思维如何拓展延伸，从而比哲学上的愿景更加接近现实。

---

[1] 威廉·爱德华·韦伯（Wilhelm Eduard Weber，1804—1891 年），德国物理学家，19 世纪最重要的物理学家之一。

[2] 尼古拉斯·伊万诺维奇·罗巴切夫斯基（Nikolas lvanovich Lobachevsky，1792—1856 年），俄罗斯数学家，非欧几何的早期发现人之一。

**问题就在那里，快去找答案**

戴维·希尔伯特

（1862—1943 年）

一位法国数学家曾言：数学理论唯有清晰到能让路人一听即懂，方为真正完美。

科学洞见

戴维·希尔伯特来自柯尼斯堡，多数同时代的人都将他视作伟大的数学家。他整改了"几何学的基础"，其主要成果是在大学城哥廷根完成的。世纪之交，希尔伯特从哥廷根来到巴黎参加一场会议，并在会上提出了他所在学科未来的问题。整个科学界都聚精会神地听着，试图解答希尔伯特1900年提出的23个问题。

他的晚年生活却每况愈下。先是与其合作一生的同事去世了；而后他寄予所有数学问题可判定性的希望又破灭了；最后，纳粹又摧毁了希尔伯特一生辛劳建立起来的精神圣地。1943年，希尔伯特去世时，哥廷根几十年内都"再无数学"。两年后，希尔伯特的妻子希尔德随他而去。这时，希尔伯特的故乡柯尼斯堡已是一片废墟。

除了柯尼斯堡，哥廷根在希尔伯特的一生中也有着重要的地位。1895年，他被卡尔·弗里德里希·高斯的工作室聘用。最初他在这里研究数字的理论，他认为这是数学中最具美感的领域。如上所述，1900年，希尔伯特登上了国际舞台，向他的同行们提出了待解决的"数学问题"。有时候评判一位数学家或是为他们进行分类的标准就在于，他们是否解决了希尔伯特的问题之一或是否研究过它们。这位柯尼斯堡的普鲁士人在巴黎发言的开头说：

"我们之中，有谁不想揭开未来的面纱，一览新世纪科学的进步和科学发展的奥秘？下一代的数学精神所追求的又是怎样的目标呢？在数学思考的广阔领域里，什么样的新思路和新事实又会在新世纪被发现呢？"

赋予希尔伯特的历史论点以意义与活力的基础在于，"相信每个数学问题都能被解决"，这是支撑他研究下去的动力。因为"我们心中总有一个声音在说：问题就在那里，快去找到答案。你可以单纯通过思考来找到它，因为数学里没有不可知的事物"，他曾多次强调这一点。

希尔伯特的问题中，有几个很容易理解或至少有着简单的表述，但在数学上意义重大。例如第六个问题："物理学何以成为公理？"这个问题至今都没有被解答出来。第二个问题："数学上的公理不存在矛盾吗？"事实令希尔伯特失望，这个问题永远无法解答，不管其表述有多么清晰。

也有一些问题是外行所难以理解的，例如希尔伯特提出的第四个问题"如何建立所有线段都为最短线的度量空间"。关于未来的问题中，最令人激动的当数第一个，借这个问题，希尔伯特探讨了所谓的"康托连续统假设"。数学家格奥尔格·康托曾经向自己和同行们提问，如何比较自然数和实数的数量。自然数就是指"1，2，3……"这样的数。实数则包含除这些数外的分数和所有带小数点的数字，例如5.2794。显然自然数和实数都有无数个。但是第二种无数个似乎要比第一种多。可以将无穷进行比较吗？如果可以，又怎么比较呢？

著名的"希尔伯特旅馆"假设就体现了无穷问题的复杂程度。旅馆里有无穷多的房间，这也就意味着即使它被住满了，它也不是满的。如果来了一个新客人，所有已经入住的客人只需要搬到后面一个房间去，这样第一个房间就空了出来。如果房间数量是有限的，这自然就行不通了。

希尔伯特想找出无穷之间的区别，他坚信，人们终有一天能够做到。当时他没能料到，数学中并非一切都能被证实，人们在数字与图形的世界里也并不能断定一切。来自维也纳的库尔特·哥德尔[1]在 1931 年证明了不完全性定理的存在，其表述为：在每个数学系统中都总有合理的命题在这一前提条件下无法被证明。"康托连续统假设"就是这种命题的一个例子。康托认为至少有两种不同的无穷——可数的自然数和不可数的实数。这就引发了下一个问题，是否存在更多的无穷，甚至是无穷的多？后来的数学家表明，这个问题是无法回答的。希尔伯特的第一个问题也被证实是不可判定的。因此他不得不承认，即使是数学界，不可知的事物也是存在的。人们不可能知晓一切。希尔伯特的梦想没能实现，也永远无法实现。

---

[1] 库尔特·哥德尔（Kurt Gödel, 1906—1978 年）是位数学家、逻辑学家和哲学家。其最杰出的贡献是哥德尔不完全性定理。

## 03　搭建不同学科之间的桥梁

诺伯特·维纳

（1894—1964 年）

文明前行，源于无需思考的重要行动。

科学洞见

诺伯特·维纳是位数学家，相应地，他的自传也叫作《数学——我的一生》，而其英语原版的书名更是指出作者曾是一名神童。(《我是一个数学家：昔日神童的生活》)他由父亲抚养长大，他的父亲是一名斯拉夫语教授，从波兰移民到美国，娶了一位莱茵地区百货商店店主的女儿。从私立学校毕业后，15岁的维纳进入大学校园，在他已经完成博士论文的年纪，大多数人才刚刚通过中学毕业考试。除了原本的专业，他还修完了动物学和哲学，还学会了多门语言。很显然，他从一开始就有意搭建起不同学科之间的桥梁，以便更好地理解世上的事物和进程是如何被调节和操控的。

"生命体与机械中的调节与信息传递"成了维纳的一大人生课题。他为一门新的学问奠定了基础，他以希腊语中的"舵手"（Kybernetik，即控制论）一词命名了它。

"控制论"也是他1948年出版的第一本书的标题。书中尽管尽是数学等式（这些没有吓退战后年代的消费者），却也提出了一些后来传播甚广的概念，让人觉得第二次工业革命真的就要到来了。其中就有"信息"（Information）这样的基本概念。维纳在某一章里探讨了"信息、语言与社会"之间的关系。还有"反馈"（Rückkopplung），今天通常用英语单词"Feedback"来表达这一含义和"黑箱"（Black Box）这样的概念，后者旨在通过分析进去和出来的东西来掌握不透明的箱子中的事物；即今天我们脱口而出的"输入"和"输出"。

许多行为主义者按照维纳的初步理论将生物，例如苍蝇的行为理解成输出，信号和刺激则是经由感觉器官传递给生物体的输入。人们尤其认同"反馈"的概念。很快,不仅是通过给传动系统以位置反馈信息来操控运行轨迹的鱼雷制导,就连人书写的过程也可以借助维纳的控制论观点加以理解。人用肉眼观察写在纸上的字,在发现错误时给大脑传递反馈信息,再进行改正。

控制论的发展在二战后的一个世纪里似乎势不可挡。马克斯-普朗克生物控制论研究所的建立就是一个很好的例子,他们研究诸如一只苍蝇如何跟在另一只后面飞行等问题。对于这个问题,这种小生物本身被视作黑箱,视觉信号是输入,行为的变化是输出。

如今,控制论的热潮渐渐平息了,其原因可能在于,维纳1948年关注到的"机械内的信息传递"概念早已融入公共意识,已经不可同日而语,就连维纳自己也会为此感到震惊。维纳及时地考虑到科技的发展会让人类变得如何的问题。将来,人类还会是人类吗,还是说会变成人形机器?维纳在解析《控制论与社会》(*Kybernetik und Gesellschaft*)时提出了这个问题。该书的英语原版出版于1952年,题为《人类的人性运用》(*The Human Use of Human Beings*),讲述了在机器掌握更多权力的时代如何与人打交道。

这个主题在当代相当具有现实意义。无人驾驶汽车正处于研发阶段,越来越多的医学诊断经由安装了日益精密的软件的仪器做出,比起从他人处获得信息,人们更加频繁地使用电子设备——例如 iPhone。

早在 20 世纪 50 年代,维纳就曾探究,有哪些至今人类占绝对主导地位的领域,未来还会如此。这关乎诸如投资决策等事宜。目前,越来越多的资金流向计算机领域。可以想象,复杂的世界上尽是非线性关系，挑战着人类大脑的极限。维纳是研究这种"非线性问题"的先驱之一。他所构想的计算机处理这类问题的能力要强于他自己和他的同行。维纳的每一张肖像都将他塑造成一位典型的心不在焉的教授形象。在关于他健忘的诸多轶事中，有一件值得一讲。这件事发生的时候，他已经是著名的麻省理工学院的一位教授。维纳一家人想要搬家到邻街去。他的妻子和两个女儿拿走了他所有的旧钥匙，把新的交给了他。晚上，维纳回家的时候，自然是去了原来的房子，徒劳地把钥匙往门上捅来捅去。白费一番工夫之后，他只得在街上乱转，这时他遇到了两个孩子。他小心翼翼地问她们，知不知道维纳教授住在哪里。她们回答"是的，爸爸"，并把他带回了家。

## 04 建造全能机器的可能

艾伦·图灵

（1912—1954 年）

若计算机能令人视其为人，则可称其
智能。

艾伦·图灵是一位英国数学家，他的名字已经融入这个国家的公共意识，其地位已经不再关乎个人。人们一方面惊异于他的才能，内化了"图灵机"的概念及其系统算法，借助它们探讨了可算性和可解性的问题；另一方面，他们甚至认识到，如果没有图灵的计算机，他们极有可能输掉二战。在图灵活着的时候，当时的人因他的同性恋问题羞辱过他，导致他英年早逝。1954 年 7 月 7 日，图灵因服用致死剂量的氰化钾逝世，那时他只有 40 多岁。他将药物注射到一个苹果里，躺在床上吃下了它。

图灵生于伦敦，在谢尔本上学，他很快便凭借算术才能引起了别人的注意。他的父亲是印度的行政官员，只有父亲回家休假时，年幼的图灵才能见到自己的双亲。所以艾伦是在寄宿学校长大的，值得一提的是，这个孩子还在识字的时候，就已经在跟数字打交道了。很快，数学课本就让他感到乏味，因为他能够通过基本定理迅速地推导出所有定理。在寻找适合阅读的科学性文章时，图灵发现了阿尔伯特·爱因斯坦的文章和亚瑟·爱丁顿[1]的《物理世界的本质》。

1931 年，他开始在剑桥大学国王学院上数学课。4 年后，他完成了毕业论文，探究了概率计算中的极限定理。1936 年，图灵来到美国普林斯顿，两年后凭借论证以序数为基础的逻辑系统的研究获得博士学位。1937 年，图灵发表了他的代表作，讨论了可计算性理论及其在学界所说的"判定问题"上的应用。

---

[1] 亚瑟·斯坦利·爱丁顿（Arthur Stanley Eddington，1882—1944 年），英国天文学家、物理学家、数学家，是第一个用英语宣讲相对论的科学家，自然界密实物体的发光强度极限被命名为"爱丁顿极限"。

1900 年，戴维·希尔伯特根据自己的知识向数学家们提出了 23 个问题。图灵粉碎了彻底解答所有数学问题的希望，因为在他还是个不到 25 岁的博士研究生的时候，他就得出了轰动性的结论——存在无数个从根本上就不可解的问题！图灵证明，根据给定公理的数量，解决所有数学问题是不可能的。

在这个问题上，图灵还指出了较为积极的一点，即建造全能机器的可能性，也就是今天的"图灵机"。这种机器可以替代所有其他机器，解决所有可算的问题。基于这种数学上合乎逻辑的发现，战后，图灵为人工智能的概念奠定了基础。

世界大战期间，图灵被英国情报局聘用，在白金汉郡的布莱切利公园破解德国的恩格玛密码机引发的难题。这种密码机使用一种机械及电子的复杂字码转换方式。这种程序的发展早已在一战时就打下了基础。一旦恩格玛的所有转子、轧辊和电线被组装在一起，加密过程就如同打字机打字一样轻而易举。如果拿到一份以这种方式加密的文章，只要同样拥有一台恩格玛并且使用与加密时相同的设置，就能迅速获取明文。

仅仅是通过错综复杂的字码转换得出的密码进行推断，在德国方面看来都是绝不可能的，因为恩格玛的设置会定期进行改变。但是图灵的数学团队不仅能够从根本上破解恩格玛的密码，还能测算出当前机器所使用的设置。对于图灵及其团队的功绩，几个历史学家认为，尽管声称图灵赢得战争有些夸张，但是完全可以认为，没有图灵的话，英国会输掉战争。无疑，军事及政治相关人士不喜欢这种说法，便在叙述历史时将图灵隐去了。

战争结束后，图灵在特丁顿的国家物理实验室工作，协助研发最早的大型计算机。1948年，他来到曼彻斯特，协助建造世上存储容量最大的大型数字计算机。其间，他试图寻找制造具有学习能力的"智能"计算机的方法，却以失败告终。

在生命的最后几年里，图灵转而研究生物学问题，例如植物和动物的形成过程。他寻求一种生态发生理论，并且相信可以将器官的生长作为一种可识别化学过程的可测算结果加以理解和分析。然而他无法将这一研究进行下去。他被指控有所谓的同性恋行为并且接受了具有可怕的副作用的同性恋治疗，此后，他于1954年自杀身亡。直到2009年，英国才对此道了歉。2013年，女王发布了"皇家赦免"。

# 05  数字时代的大功臣

康拉德·楚泽

（1910—1995 年）

比起担忧计算机变成人，还不如担忧人变成计算机。

康拉德·楚泽生于柏林，在东普鲁士长大。中学毕业考试后，1928 年，他在夏洛腾堡的理工学院攻读工程学；接着在柏林的亨舍尔航空工程集团就职。然而，他 1935 年的离职令父母大吃一惊。不止于此，他还请求占用父母的客厅来建造一台全自动的计算机。楚泽在工作中反复遇到许多单调的计算，用他自己的话来说，他"懒得"去算，便设计出一台机器来解决这些问题。

1936—1938 年，他在父母的客厅里建造了今天以"Z1"著称的机器，可以说它是世界上第一台程序操控的计算机。它采用二进制模式，包含一个存放各类文件的存储装置，借助写有计算程序的穿孔带运行。一切资金都来源于他的姐妹、父母、几个学生和一位名叫库尔特·潘克的计算机厂主。

制造 Z1 时，楚泽需要用线锯切割几千块不够精确、尺寸不合适的金属板。因此，二战的最后几年里，楚泽研制出名为 Z2 的新机器，其中用到了电话的继电器。1941 年，他造出传奇的 Z3，完全由继电器组成。其中运算器中有 600 个，存储器则有 1400 个。如今，人们将 Z3 视作世界上第一台基于二进制计数系统（使用浮点记数法）和相应线路技术的可运行、可自由编程的计算机。继 Z3 之后，尽管 Z4 的研发已经开始，但是在战争年代，这项工作变得越来越艰难，最后完全无法进行下去。Z4 后来还是被拯救了，从 1950 年起，它在苏黎世联邦理工学院成功地投入使用。

1941 年，楚泽在柏林成立了楚泽仪器制造公司；1946 年他在阿尔高[1]成立了一家工程局；1949 年他则在欣费尔德周边的新

---

[1]　奥地利 - 德国边境的阿尔卑斯山区。

基兴创立了楚泽两合公司。直至 1964 年，楚泽两合公司都由康拉德·楚泽及其妻子掌管，这家公司能够制造出约 250 台计算机，总价值约 1 亿马克。然而，在欧洲的计算机制造业做了 10 多年的先驱之后，楚泽两合公司便败给了日益强大的竞争对手特里比（Tribut）。

对于历史学家来说最令人兴奋的问题之一，就是计算机的发明应当归功于谁。显然，康拉德·楚泽是候选人之一，然而他本人却难以举证，因为 Z3 在针对柏林的空袭中被完全摧毁。直到 20 世纪 60 年代初，才有证据显示，早在 1941 年就有可运行的 Z3 了。1998 年，世界数学家大会在帕德伯恩召开，一场关于计算机的国际会议在此背景下举行。人们认为康拉德·楚泽对于计算机的发明功不可没。1999 年，他被追封为加利福尼亚帕罗奥图计算机历史博物馆的“会员”，这意味着他得到了美国及美国计算机先驱的认可。康拉德·楚泽常被人问及计算机对人类的影响。他回答说：“如果计算机变得过于强大，那么把插头拔掉就好了。”然而就如今的经验看来，这一出路已经被堵死了。众所周知，关掉电源已经不再是一种选择，这会带来许多社会、人伦问题。

尽管楚泽的工作在德国默默无闻，但在美国，制造更快的计算机却成了主要任务。科学、工业、军事及政治方面都为其发展提供支持，例如哈佛大学、宾夕法尼亚大学、IBM 和海军。1944 年，美国数学教授霍华德·H. 艾肯及其团队建造了“超级计算机 Mark I”。Mark I 比起楚泽的机器要大得多，它长 16 米，高 2.5 米。这台机器由 70 万个零件组成，其电线总长约 800 公里。尽管如此，它计算一次 10 位数的乘法仍需要 6 秒，除法则需要 2 倍的时间，明显要慢于 Z3。

战后年代，工程师们的首要任务就是提高计算机的工作效率。楚泽的一位名为赫穆·施赖的同事就梦想将速度提升至毫秒级别。施赖也推动了电子管在计算机设备中的应用。1943 年，他与楚泽一同设计了一台装有 1500 个电子管的机器。与此同时，美国的工程师将电子管数量提升至万位数——18 000 个。

电子管是一个中空的玻璃管，里面装有多个电极；电流可在其间流通。自 19 世纪，物理学家们了解了这种元件，区分出了电子逸出的负极和电子趋向的正极。20 世纪初，人们发现，在正负极之间安装栅极，就能控制电流。这样一来，工程师们才可以使用电子控制元件和结构元件，而制造更大的计算设备的信心也增长了。他们能够计算飞机的航程，进而敢于预测天气。数字时代开始了，楚泽便是一大功臣。

# 感受大自然

自然科学和生物学的结果

# 01 新亚特兰蒂斯

弗朗西斯·培根

（1561—1626 年）

人类的知识和人类的力量是合二为一的。不知其因，则无法产生其果。要命令自然，就必须服从自然。

科学洞见

"知识就是力量。"没有比这再简洁、再精辟的句子了。这句话是西方科学的成功秘诀，人们可以毫无争议地将其归于弗朗西斯·培根名下。尽管这位"掌玺大臣"自己要说得更为详细——即引语的版本，但是渐渐地，人们更喜欢在缩写的版本上做文章，有些人甚至把它当成了格言。培根的观点基于对世界的平分法，这种构想在 17 世纪发展起来，至今仍是欧洲的指导思想之一。一方面是人们观察的物体，可以借用拉丁语词汇称其为"对象（Objekt）"；与之相对的则是主体（Subject），培根认为，这个词背离了拉丁语词根的原意。"主体"一词由"subiacere"衍生而来，意为"屈服"。或许是现代人擅自抬高了主体的地位。这个词原本就指屈从于自然的人。培根阐释了为何屈从对主体有利。如果一个人，即主体了解自然法则，他就可以为自身的幸福而运用它们；但是这就要求他不仅要了解自然法则，还要认可它们。这也就意味着，他必须适应并屈从于它们，从而以这种姿态掌控它们。

后世将这种有力而惊人的论证归功于伊丽莎白时代的一位贵族成员。1603 年，他成为骑士团成员；1613 年，他被任命为首位女王顾问；1618 年，他当上了首相，从此被称作维鲁拉姆男爵。他撰写了大量文章，提出了不少聪明的想法。比如说，他曾问，将科学定义成复杂化的实验条件下对真理的探索意味着什么？仅一次测量的结果说明什么？我们想要寻找一条普适性法则，但我们只有几个有限的结果。学界将这种情况视为归纳法问题，认为实验研究仅仅提供了假说性的认识，这种认识是会被测量过程歪曲的。这种想法在培根身上就已经有所体现。

培根在归纳法逻辑上的努力并不被人看好。贝尔托·布莱希特就在他的《归纳法之爱》(*Über induktive Liebe*)一诗中取笑了他,尽管他在诗的开头说这是献给 F. 培根的。布莱希特"建议",在爱情中进行试验,来确定人们是否"愿意同床共枕",并且做些这时候该做的事。

培根在其著作《新工具》中阐释了归纳法逻辑。许多著作的题目里都出现了"新"字,培根的第二名著《学术的伟大复兴》也是如此——他称其为"新亚特兰蒂斯"。在他 1926 年逝世前,他也没能完成这本书。讽刺的是,培根的死可以说是他对科学的好奇心导致的。他最终死于对尸体防腐和保存的研究。他先假设尸体被埋在雪里时,可以更持久地保鲜。他将死鸡体内塞满了雪并且观察其腐败过程。回收实验动物时,培根染上了肺炎,这最终置他于死地。

在试图理解热是什么的时候,他的科学研究则更侧重其对立面。他通过观察区分出了阳光的热和品尝过辣味的舌头的灼烧感。他将冰冷的鱼和温热的马粪进行比较,发现一切物体都可以升温,并没有特殊的要素在起作用。

收集了所有数据之后,他提出了大胆的假设。这个假设听起来极具现代感,整个 19 世纪的人们都在研究它。培根断言:"并非所有运动都是热,但所有热都是运动。"他想知道如何证明这个假说并在实验中检验它。

对此,他也提出了相当现代的想法。他认为科学必须寻找因果性,其他一切方法都是歪门邪道,因为"对自然过程进行具有明确目的性的观察会无果而终,就像神职女性不会产子一样"。这些句子针对的就是亚里士多德等人的物理学。亚里士多德在解释物体下落的时候说，它们在地面上有其归属之地，因此它们会去往那里。培根对这种理论的驳斥，从哲学角度为自由落体的因果性解释清除了障碍。1687 年，艾萨克·牛顿提出了重力的概念。

可以认为，培根是第一位认识到科学进步对人类日常生活与人类历史有影响的哲学家。他举了印刷术、指南针和火药的例子，并且惊异于"这 3 样物品给我们生活的世界带来了何等的巨变"。他感到惋惜，因为人们发明它们或多或少地是出于偶然。他希望能够发明出更多东西。他梦想着建立一所由他领导的科学工坊或是工作室。这种想法的核心在于，应当成立公开的研究机构，以确保和增加人类的福利。可以说，他的计划取得了成功。

# 02　把电力悄悄从云里引出来

本杰明·富兰克林

（1706—1790 年）

放弃自由以求安全之人，终将二者皆失。

科学洞见

提起本杰明·富兰克林，人们会想起他的诸多头衔。来自波士顿的他除了是美国独立宣言的起草者，还是作家、印刷工、出版商、自然科学家、发明家和政治家。终其一生，他致力于全方位资助并推动国家的发展。富兰克林最为出名的事迹是避雷针的发明，为此，他进行了大量实验，研究了当时新发现的电现象，并试图解释电荷的性质。他的一生都在研究科学问题，科学的实际运用尤其吸引他，正像弗朗西斯·培根的格言"知识就是力量"所说的那样。

18 世纪 40 年代，富兰克林从商业生涯中隐退，此后他便将精力越来越多地放在了自然现象的研究上。在用一支摩擦后带电的玻璃管进行实验时，他发现电荷的总量是恒定的，他称其为"电荷守恒定律"。在后续的实验过程中，他萌生了静电放电可以被雷电抵消的想法。他发现，电荷会被金属尖端吸引。

正如维基百科对富兰克林一生的详细叙述中所说，他将雷雨时自己对天气的观察过程告诉了英国地理学家约翰·米歇尔。富兰克林在 1749 年 4 月写道："如果电气化的云从土地、高山、大树、高塔、教堂尖塔、船的桅杆、烟囱等上方飘过，这些物体会将电力引向自己，整片云便会在此放电。"

出于现实原因，将雷暴理解为静电过程的观点，而不是解释成宙斯等神明的天罚之雷，令富兰克林尤其感兴趣。因为如果他的假说成立，正如他 1750 年写给伦敦学者彼得·科林森的信中写到的，那么"就可以把电力悄悄地从云里引出来"。富兰克林设计实验以证明雷电的电学性质。一条著名的"龙"腾空而起，将雷雨云里的电收集起来引至地面。

根据自然科学界流传的故事，富兰克林曾在雷雨天亲自出门，好让这条"龙"升空。至于富兰克林是否以这种方式亲自设置了第一个避雷针，在历史学家之间仍留有争议。然而，毫无争议的事实在于，他的思想在欧洲引发了巨大的轰动。法国国王路易十五受托以实验检验雷雨时雷电的电学起因的假说，实验结果令他振奋。彼得·科林森给伦敦的皇家学会写了一封信，说国王想要"对来自费城的富兰克林先生在电学领域具有实用意义的发现及避雷针的运用表示祝贺，有了它，就有可能杜绝雷雨带来的可怕后果"。正如信中所说，富兰克林当时住在费城。自 1748 年起，他成为"费城市议会"的一员，一个相当于市政厅的地方。1751 年，他被任命为该市的议员。这时，他还不到 50 岁，生命还剩下将近 40 年；其间，他参与了美国独立宣言的拟定。1776年，在脱离英国之后，美国认为在自由之战中拉拢其他欧洲国家是可取的做法。富兰克林带领的一支代表团被派往巴黎。他们的任务是为军队购置武器和弹药。他们到达巴黎的时候被围得严严实实，大家都想见见富兰克林。他不仅因科学方面的建树而出名，他的文章《电的实验与观察》（*Experiments and Observations on Electricity*）在法国也有众多读者（其中就有亲自发表文章祝贺他的那位法国国王）。他提出"职业道德"理念的经典作品《财富之路》（*The Way to Wealth*）也在法国发表，其法语书名为"*Le Science du Bonhomme Richard*"，眨眼间就出了 4 版。这篇文章中，富兰克林提出了几条至今仍被人引用和铭记的忠告。其中就包括"没有付出就没有收获""明天如有事，今天就去做""大师的眼睛要比他的双手做得多"以及"早睡早起，健康、财富、聪明将会伴随你"。

至于他的个人生活，富兰克林在自传中说是"难以抑制的青春激情"让他与众多"地位低下的女子"坠入爱河。1730年，他与德博拉·里德结婚的时候，还带着一个他跟某位"地位低下的女子"生的儿子。儿子名叫威廉，1762年当上了新泽西的州长，他和妻子后来也生了几个孩子，但他们都没什么名气。

富兰克林晚年致力于废除奴隶制，而在此之前他曾在杂志上发表贩卖奴隶的启事。富兰克林去世时已经84岁，他确信自己会再次来到这世上，并且"以全新的、更美好的姿态"，正如他早在1771年写的墓志铭中说的那样。他想要自己完成这件事，不会把它让给任何人。

# 03  自然油画

亚历山大·冯·洪堡

（1769—1859 年）

从未真正观察过世界之人的世界观是最危险的。

科学洞见

亚历山大·冯·洪堡属于柏林。他出生在这里，90年后也在这座城市死去。但他也属于这个世界。他并没有长期待在家乡，也没有待在他的家人所居住的特格尔宫，他生命中的大部分时间都作为一位怀有科学梦想的旅行者度过。因此他在海外有"德国哥伦布"的美称，而且地图上许多地方都能找到他的名字。"洪堡"在南美的地名里尤为常见，就连月球上都有一处地方叫"洪堡环形山"。母亲死后，洪堡便能够负担得起作为旅行家和探险家的独立生活。他的母亲给他和他的兄弟威廉留下了一大笔财产，而这笔财产则出自他多年前去世的父亲。

洪堡不仅是一位伟大的旅行家，还是一位天才小说家。歌德曾经对他所信任的爱尔克曼表达了他对洪堡非同一般的赞美：

"这是怎样一个人啊！我认识他好久了，却又一次对他刮目相看。可以说，他能活用的知识和见闻不仅仅局限于同一类别。他还拥有诸多我没有见识过的才能。人们四处奔波，他则四海为家，留给我们大量的精神财富。他就像一口有着许多通道的井，人们只需要在任意一个地方放下容器，就总会有令人振奋的清泉不知疲倦地涌流而出。"

母亲死后，洪堡的一生中再也没有出现其他女性。他想表达的东西很多。他最想做到的一件事，就是在做自然研究时既不放弃理性也不忽视研究者的感受。洪堡想要让理性的、科学的自然观"在美学的维度上得以拓展和丰富"。他力求一种"科学与美学、概念与观点的结合"。这是伊曼纽尔·康德在其《纯粹理性批判》中所倡议的，尽管他自己从未付诸实践。这种结合了美学的科学成果可以称作"自然油画"。

"自然油画"的说法来自洪堡本人,他借此描述了一个远大的目标。他希望能够透彻地探究并利用科学与艺术之间长期存在的共同点,来让具体的科学拓展至感官的美学层面。洪堡想要同时用头脑和心灵来感悟世界,并且为同胞做出示范。只有双管齐下,才能看清自然科学活动中本质的、最具人性的特性。对于洪堡来说,文化奏响的三和弦由"人性、艺术和科学"构成,这个声音需要传达给全人类。

洪堡的自然理念在拥有科技的高级文明中遇到的困难在于,其中的看法显得过时,又有些自我陶醉。对于电视机前昏昏欲睡的人们来说,要去理解如此热情洋溢的洪堡的亲身经历与感想,着实需要费一番工夫。

"在湖畔,在森林里,在永远被冰雪覆盖的雪山脚下,令我们由衷赞赏的并非物质层面的能量。真正与我们的灵魂进行交流、唤起我们内心深刻而丰富的情感的事物是无法衡量的,就像我们的语言。如果我们感受到了自然中鲜活的美感,可能就不会去将不同的景色进行比较了,因为这样恐怕会影响到我们欣赏的乐趣。"

值得一提的是,在现代人眼中的浪漫主义自然观念,在弗里德里希·席勒那个时代的人看来却是冷漠而没有感情的。洪堡始终都没有放弃衡量那些似乎与他相称的事物。

但我们还是有必要知道,洪堡对自然的理解是通过互补的两方面形成的;即在美学方面对自然的欣赏和在科学方面对自然的探究,这二者对他而言是密不可分的。洪堡认为起决定性作用的是人所感受到的自然，因此形态间的联系成了关键的要素。用他自己的话来说就是："只要我们去感知外部世界，让它在我们心中建立起自然观，那么外部世界就只为我们存在。正如精神和语言、思想和有力的词语在深层是密不可分的，外部世界也仿佛在我们不知不觉中与人类内心最深处的思想和感受融为一体。"

洪堡将自然描绘成一位诗人和画家，有着诗意的语言和生动的图像。他考虑到了自然在人心灵上的映射，探讨了乐趣、感受、恐惧、赞叹和经验。对于他来说，一切"拓宽我们知识界限的、给灵魂以新的感知对象或展现不同感知间新的关系的事物"都至关重要。

洪堡关注殖民统治和奴隶制的话题多年，他的一篇发表于1827 年的关于古巴的政论性法语文章代表着这一研究的最高点。在这篇文章里，有一句话让殖民者们心慌："所有的不公都孕育着毁灭的种子。"

# 04 大自然的启发

查尔斯·达尔文

（1809—1882 年）

当我以博物学家的身份登上"贝格尔"号时，南美洲动植物的分布中某些奇特现象令我大为震撼。这些事实宛如一道光，照亮了最深邃的科学谜题——物种起源，这个被称为"谜中之谜"的命题。

科学洞见

查尔斯·达尔文提出了人类进化历程的伟大思想，尽管最初这让许多人难以接受，因为他们不想让自己的祖先被说成猴子；但是出人意料的是，达尔文"危险"的思想在现代流传甚广。显然，多数人都很熟悉自然选择的理论，自然选择在后代所不可避免的不同的变异之间发生，它倾向于选择能够更好适应现有环境的个体。自然中存在着"生存的斗争"，这是我们都学过的，但我们没有注意到，这种思想并非来自自然。它主要来源于19世纪的英国社会，当时的英国掀起了工业革命。

随着社会的发展，人口的增长加快了，牧师及国民经济学家托马斯·罗伯特·马尔萨斯[1]就此写了一篇《人口论》。早在1800年，他就比较了人口的增长和食品产量的增长，得出的结论是：相较于我们所能供养的数量，人口增长过于迅速。维多利亚时代的人们虽然听取了这一警告，建立了贫困救济制度，但是马尔萨斯认为这种做法是错误的，因为这样只会鼓励底层人民再生更多孩子。达尔文的理论很简单：当只有适应环境的后代存活，并且这一过程（自然选择）在这些生物及其后代身上重复进行（这个过程不断进行下去，从一代到下一代再到更下一代），那么渐渐地就会产生比先代更加适应生存环境的生物体。这就是达尔文的思想。他也很快找到了对应这种效应的表述方法，即"自然选择"。这一说法参照了育种人员挑选更快的狗或更肥的猪时的择优过程。借助这个理念，达尔文最

---

[1] 托马斯·罗伯特·马尔萨斯（Thomas Robert Malthus，1766—1834年）。英国教士、人口学家、经济学家，以其人口理论闻名于世。

终能够将生命适应环境的过程作为自然过程进行解释，而无须顾及上帝。达尔文只把关于进化过程的初步见解"告诉"了他的笔记本。过了几年，他才把这些想法告诉了朋友们，而当时它似乎还有所欠缺；因为《物种起源》的草稿没能在19世纪50年代中期以前完成，它出版于1859年。这段时间里，达尔文觉得自己就像一位"被自己的知识财富"压垮的"大富翁"。一天，在乘车从伦敦前往住处达温的路上，他萌生了一个想法。

1851年5月，受到工业发展的推动，一场世界博览会在英国首都开幕。达尔文也带着他的几个孩子驱车前去观看。这时他想到，在进化过程中，变异种类最多、分布最广的动物和植物能够更好地存活并延续下来。（"这就好像自然开了一家工厂，分工越为精细，就意味着每个人的工作越多样，那么显然工人的生产效率也就越高"。）早在世界博览会之前，达尔文就已经在岳父母家经营的陶器厂里亲眼见到了这种专门化分工，现在他则把它用在他富有生机的自然学说中。

换句话说：让达尔文得以在1859年将生命演化的著名理论付诸表达的，尽是来自人类生活圈里的概念而并非对自然的观察。他将这些见解写在了《物种起源》一书里，然而这本书却名不副实。现在我们对于物种起源的理解不比当时多多少，达尔文的构想其实更应该叫作"生物的适应过程"。这一过程至今仍在进行，准确来说，有一个物种的社会结构启发了达尔文，而这个过程，就是这种生物未来可能的适应过程。这个物种指的就是我们自己。1859年达尔文曾经表达了他的期望：通过认识进化，了解"人类及其历史"。那么正如我们今天所说，这种期望是否能够帮助我们拥有美好的明天呢？

遗憾的是，如上所述，进化论有着众多的反对者。比起相信自己的理智而更愿意相信上帝的那些人认为，必须有一位智慧的设计者来创造出人类。任何进化生物学家都能看出幻想这种存在的愚蠢之处。按照获得了诺贝尔奖的行为生物学家康拉德·劳伦兹的说法，一位把"建造"人类写成毕业论文的工程学学生会直接被判不合格。尽管如此，在进化的科学范畴内不断地提出"人类是什么"的问题还是很有价值的。达尔文的思想最关键的意义在于，借助这些思想，我们能够看清更多的事物。我们只是不知道，我们所看到的事物是否总令人满意。

# 05 野天鹅之父

康拉德·劳伦兹

（1903—1989 年）

科学不仅能够而且必须将世间万物纳入研究范畴。

科学洞见

1973 年，来自维也纳的康拉德·劳伦兹成了首次获得诺贝尔生理学或医学奖的行为生物学家之一，同为获奖者的还有荷兰裔英国动物学家尼古拉斯·廷伯根[1]和德国昆虫学家卡尔·冯·弗里希[2]。他们"发现了个体及社会行为模式的组织和运行"，廷伯根研究了昆虫的先天行为；卡尔·冯·弗里希分析了蜜蜂的"舞蹈"行为方式；康拉德·劳伦兹则因研究本能和动物社会行为获奖。他的野鹅实验非常著名。他发现，刚刚破壳的雏鹅跟随的并非母亲，它会跟随它第一眼看到的事物。观察到这一现象的劳伦兹随后被誉为"野天鹅之父"。

劳伦兹活着的时候，就已扬名学术界。这要归功于他 1963 年作为民族学者出版的全球畅销书《所谓的恶》（ *Das sogenannte Böse* ），他在书中阐述了"侵略的自然史"。其中提到引发轰动的、引人深思的一点：作者写这本书"并非出于对通常的侵略的兴趣，而是因为他认为，这是爱情的根源所在"。劳伦兹也因此将《所谓的恶》一书献给了他的妻子。

10 年后，恰好是诺贝尔奖颁奖的时候，劳伦兹在新书中再度尝试撰写自然史，这次是"人类的认识"的起源。这本书以"镜子的背面"（ *Die Rückseite des Spiegels* ）为标题出版。比起行为研究，这听起来倒更像是哲学。劳伦兹确实也钻研过这一学科，虽然仍然与生物及生命科学脱不了关系，他称其为"认识的过

---

[1] 廷伯根（1907—1988 年）荷兰裔英国动物学家。现代行为生物学奠基人之一。
[2] 弗里希（1886—1982 年）德国著名昆虫学家，昆虫感觉生理和行为生态学创始人。

程"。因此，对于劳伦兹来说，生命就是认识的中间过程，因为认识是在历史的进程中形成的，这一历史即所谓的"进化"。根据劳伦兹的看法，不仅胳膊和腿，就连特定的思维和感知世界的模式都是在进化过程中发展而来的。今天，这个概念被称作进化认识论，其中有关思维的类型被解读成进化而来的适应性，拥有这种思维的生物体可以借此适应并存活。

尽管在19世纪曾有过另外几位先驱，他们同样是奥地利人；仍然可以说，认识论和进化理论之间联系的建立应当首先归功于康拉德·劳伦兹。劳伦兹在柯尼斯堡首度发表了他的学说。柯尼斯堡不仅是他1940年获得第一个教席的地方，这里还是哲学伟人伊曼纽尔·康德的故乡。劳伦兹在普鲁士就职的时候，他的妻子曾送给他一部康德的作品全集。

根据官方资料，劳伦兹在战争爆发后的第二年在柯尼斯堡成为了比较心理学的教授。但是在研读康德作品的时候，这位动物学家就像那位18世纪的大哲学家一样，开始思考人类认识的形成与发展。根据康德的说法，劳伦兹探究了"使认识成为可能的条件"。1941年，劳伦兹在《哲学报》上发表了他最为深奥的一篇文章。在这篇题为《现代生物学中的康德先验学说》的文章里，劳伦兹写道：

"自然科学家有义务尝试对自然现象做出解释，不应满足于超自然因素的提出。这种义务对心理学家来说尤为重要，他们必须深入研究康德所发现的先验的思维模式。了解了'劣等人种'先天的反应方式，我们就非常接近种系发生过程中形成'先验'的假说了。它的基础在于，种系获得中枢神经系统的可遗传变异，这种变异决定了以某种方式思考的遗传特性。"

换言之，劳伦兹把康德的先验论转变为进化先验论。他采纳了康德的说法，认为每个人都拥有先天获得的思考方式，先于任何个体经验而存在。劳伦兹则更进一步，断定这种方式不是上天赐予的，而是在我们这一物种的进化过程中形成的，在这种意义上可以将其看作是先天的。

不幸的是，劳伦兹革命性的成果尽管在科学争论中从精神上取得了胜利，却只得在纳粹的时代精神面前屈服。战争年代，他读懂了康德的哲学，发表了自己关于"剔除劣等民族"的看法。他推崇种族管理，剔除社会"堕落变异"的说法，这种变异就像癌症一样在人群中扩散。在上述著名文章的引文中，甚至混进了"劣等人"这样阴暗的词汇，牵涉到名誉问题，他的支持者争相对此做出解释。劳伦兹去世后，他的周遭恢复了平静。

# 那些微小的生物

化学和医学调查结果

# 01  化学思维的拓展

尤斯图斯·冯·李比希

（1803—1873 年）

科学真正的趣味，恰始于其止步之处。

科学洞见

　　1845 年起，来自达姆施塔特的尤斯图斯·李比希就成了"冯·李比希男爵"。这顺遂了他自己的意愿，而且这个头衔也帮助李比希在其任职的大学里不断改善自己的经济和工作状况。

　　任何对李比希生平的叙述，开头都要提到，他是一位德国化学家。这里的重点并非国籍，而是职业。这个职业在今天听起来相当熟悉和常见。但是在 19 世纪初，李比希出生的时候，德国高校里几乎找不到这一学科的代表人物，因为当时德国的教授倾向于钻研神学。直到 1800 年以后自然科学才发展起来，例如这时候人们开始严肃对待古老的原子概念，进而理解原子之间如何连接，从而构成自然中存在的诸多化学物质。

　　李比希是卫生用品店主及颜料商之子，也许是在父亲的工坊里翻箱倒柜的经历激发了他用各种材料做实验的兴趣，这其中就有他在新年集市上看到杂耍艺人用来表演的那种摔炮。

　　自 1819 年起，李比希开始攻读化学专业；先是在波恩，后来在埃尔兰根；在这里，他完成了博士论文《论矿物化学与植物化学的关系》。这个题目中便包含了李比希的人生课题之一，即关于生命（植物）繁荣生长所需物质（矿物）的问题。1824 年 5 月，只有 21 岁的李比希的学识就已经赶上了他的老师。他在吉森的路德维希大学先是成为化学及药学的特聘教授，后成为正式教授。尽管这听上去很美好，但他的工资实在算不上丰厚，李比希不得不去做些兼职来解决资金问题。他建立了一家私人药学及技术职业机构；还创办了杂志《药学编年史》，众所周知，这份杂志后来成了"李比希编年史"。

李比希的教学思路、分析性的发现和大量的文章很快让他成了欧洲的名人。他引起了巴伐利亚国王马克西米利安二世的注意，慕尼黑大学为他新建了化学学院，给他分配了附近的住宅，提供了一切研究与教学所需的自由。自1852年起，这位男爵就在慕尼黑工作了，他研制出一种过磷酸钙肥料，这一成果使得他成为"巴伐利亚化学及农业制品股份公司"的创始人之一。该公司简称"BAG"，最初成立于德国霍伊费尔德（Heufeld）。南方化学股份公司就由BAG发展而来，这家公司成功经营到2012年，之后被瑞士的科莱恩集团接管。

早在李比希来到慕尼黑之前，那时他还在吉森，他最大的兴趣就在于农业。借助化学，他的研究使得农业具备了战胜毁灭性饥荒的可能性。他在两部著作中整合了自己的知识，它们分别出版于1840年和1842年，一本是《有机化学的农业及生理学应用》，另一本是《有机化学的生理学及病理学应用》。

针对出自贫困的、营养不良的家庭的婴儿——这些家庭出于各种原因缺乏母乳喂养，也雇不起奶妈，为了给这些婴儿提供充足的食物，李比希依据大量食品化学研究及生物体的最低营养标准，设立了"婴儿营养"补助。可以说这是今天婴儿食品研发的先驱。

一方面，李比希造出了一种用来烤面包的化学混合物，有了它就不需要再用那些轻微变质的东西了，这让他获得了特别的关注。另一方面，他造出一种以他的名字命名出售的浓缩肉汁，这也使得他名气大涨。这种提取物本来是针对贫困人口制造的，最终却成了汤品及其他菜品的调味料。可以将"李比希浓缩肉汁"视作今天被冠以"美极"和"家乐"之名的调料的早期版本。当时，这种浓缩肉汁与收藏卡片一同贩卖，多年来备受大众的喜爱。

为了向大众普及他的科学知识，1841 年，李比希开始撰写"化学通讯"系列文章，这些文章在奥格斯堡的报纸上发表后，很快就吸引了众多读者。

作为大学教师，李比希在他的课上安排了化学反应的实验展示，这为他带来了来自世界各地的求学者。李比希的科学思维及理论使化学在 19 世纪末 20 世纪初迎来了意想不到的繁荣，其中他个人的影响更是显而易见。1901 年之后获得该学科诺贝尔奖的化学家中，有 42 位算得上是李比希的学生或接班人。慕尼黑的马克西米利安广场上，树立着这位伟大的化学家的纪念碑。

**化学家的物理世界**

罗伯特·威廉·本生

（1811—1899 年）

不懂物理学的化学家一无是处。

科学洞见

即使是那些忘记了化学课上大部分内容的人，都能想起常常被用到的本生灯。这种灯发出煤气火焰，发光时，燃料气体经喷射泵自动吸取燃烧所需的空气。在本生灯发明之前煤气灯就已经出现了，人们普遍认为其发明者是迈克尔·法拉第。但是 1859 年后，这位来自哥廷根的化学家改良了这种装置，使其在实验室中的操作变得简单、安全。当时本生在海德堡工作，他与物理学家古斯塔夫·罗伯特·基尔霍夫[1]合作，进行教科书和历史书上所说的化学元素光谱分析。这项实验也以"着火实验"（Flammenprobe）著称。顾名思义，实验就是这样进行的：借助诸如本生灯等的火焰加热某种物质，观察此时出现的颜色。

根据当时的研究，化学元素燃烧时会出现具有特征的频线，科学家可以据此辨别该物质。光谱分析听上去没什么不妥，而且似乎只有专业人士会对此感兴趣。但是很快，它就在现实中给人们带来了奇怪的影响。因为基尔霍夫和本生首先发现，如果有人在海德堡宫殿上用本生灯进行实验操作，而两位科学家在城中的集市上进行光谱观察，着火实验也是可以成功进行的。这样一来，他们便能够分析发光的，也就是燃烧着的星球上存在着的那些元素。尽管先前有一位实证主义哲学家曾经宣称，人们永远也不可能知道发光的天体上存在着什么，因为我们不可能到那里去。然而本生和基尔霍夫根本就不用亲自前往，便能知道这些星球上有什么元素。他们只需要观察这些星星，进

---

[1]　古斯塔夫·罗伯特·基尔霍夫（Gustav Robert Kirchhoff，1824—1887 年），德国物理学家，出生于肯尼希斯堡。

行光谱分析，就能确定，天上的星体上存在着和地球上相同的物质。

这样，人们就有了科学依据，说自己生活在一个宇宙（Universum）中，而不是在一个"双重世界"（Duoversum）；在这样的世界里，就像人们自古所认为的，月亮那一面与这一面的事物是不同的。一位化学家与一位物理学家给人类带来了统一的宇宙，人们应当感谢他们才对。

工作过程中，本生和基尔霍夫发现了大量的新元素并将它们加入日渐完善的元素周期表，其中就有被称作碱金属的铯元素和铷元素。他们还注意到，太阳上有一种元素，必定能在地球上找到，这种元素因此被命名为氦（Helium）[1]。显然，对于化学家本生，就像为本章所选的引语中说的那样，与一位物理学家合作至关重要。18 世纪的格奥尔格·克里斯托弗·利希滕贝格[2]也表达过类似的观点，他说："只懂化学的人，也是不懂化学的。"这句话的作者认为这种看法不仅适用于这一学科，他断言："只懂得自然科学的人，也是不懂自然科学的。"（当然根据这个句式，还有一句话是合适的："只懂艺术的人，也是不懂艺术的。"）

本生在来到海德堡之前，他曾在哥廷根、卡塞尔、马尔堡和布雷斯劳工作过。在卡塞尔，他作为弗里德里希·维勒[3]的接班

---

[1]　Helium，古希腊语（hélios），意为"太阳"。

[2]　利希滕贝格（Georg Christoph Lichtenberg, 1742—1799 年）是 18 世纪下半叶德国的启蒙学者，杰出的思想家、讽刺作家、政论家。

[3]　维勒（Friedrich Wöhler, 1800—1882 年）是一名德国化学家，他因人工合成了尿素，打破了有机化合物的"生命力"学说而闻名。

人，开始了对高炉中反应过程的研究，结果他的右眼不慎严重受伤，致使他部分失明。尽管有这一障碍，本生还是坚持了下来，他发现煤炭中75%的热值都没有得到利用。1847年，他分析了英国的高炉之后，提出了更好地利用热能的措施。

1845年，冰岛一座火山爆发之后，丹麦政府请他到岛上调查气体及岩石样本，本生接受了邀请，并且促使气体分析成了一种精确分析法。他在火山向空中喷出的物质中，发现了氢气、硫化氢和二氧化碳。本生通过硫化氢的分解阐释了氢气的出现，在这个过程中，硫元素也被分离了出来。

他的另一项成就，就是研发出了首个实验室用的廉价电源。这里指的是锌－碳电池，以"本生电池"广为人知。在维纳·冯·西门子的电动力学原理提出之前，它一直是发电时最常用的电池（Element）。"Element"一词有两种含义，既表示一种化学单位，又表示这种技术装置。尽管在当时就产生了混淆，但这种说法却依旧沿用至今。

在冰岛调查逸出和生成的气体的同时，本生还关注到了喷出岩和长石的化学构造。终其一生，他都对地质学很感兴趣；78岁的他从海德堡大学退休之后，便专注于这一学科。他88岁去世的时候，被葬在海德堡的公墓。他的悼词中说："作为科学家他是伟大的，作为教师他更加伟大。而作为人、作为挚友，他则是最伟大的。"

# 03 微生物的世界

路易斯·巴斯德

（1822—1895 年）

科学无国界，但科学家有祖国，他们应将自己的科研成果惠及自己的国家。

科学洞见

路易斯·巴斯德是一位化学家及微生物学家，他既进行基础研究，也进行应用研究。他成功地两度将自己的名字铭刻在公众意识中。一方面，短时间加热流质或糊状食物，以延长保质期的方法被人们称作"巴氏消毒法"。这个名称或许就来自这位法国科学家，因为他首次提出，如果不预先高温加热，食物中将一直存在大量微生物，它们会不断增殖并且使食物变质。除了"巴氏消毒法"之外，他的名字还随着"巴斯德研究所"而出现在公众视野中，这家研究所于1888年在法国成立，第一任院长就是巴斯德本人。

当时，他享有极高的声望，能够筹措到足够的资金。因为1885年10月26日，巴斯德宣布他成功地治愈了一位名为约瑟夫·迈斯特的男孩，这一消息引发了轰动。在那个时代，人们第一次知道，世上存在传染病，不像今天人人都明白这一点。尽管接种抗病原体疫苗的概念已经流传开来，但人们也认识到，接种疫苗并不能自动治愈患者。19世纪末，最令人恐惧的流行病之一是狂犬病。因为它大多在动物间蔓延，这给科学实验提供了条件。当时有许多医学方向的生物学家致力于狂犬病的研究。

巴斯德尝试通过传染削弱病原体，他根据潜伏期在猴子和狗身上进行了试验。1884年，他成功地使用疫苗防止狗感染狂犬病。1年后，年幼的病人约瑟夫·迈斯特找到了他。巴斯德陷入了两难的境地。一方面他在动物身上取得了成功，因为防止感染的疫苗奏效了，但他对于人还毫无经验。另一方面他的面前站着一个得了病的人，不帮他，他就会死。巴斯德的决定是任意一个伦理委员会都不会考虑，并且会严厉禁止的。他给这个男孩接种了疫苗，好在他运气不错。1885年10月26日他宣布了约瑟夫·迈斯特被治愈的消息，这样一来，他声名大噪，资助他的科研资金也源源不断地流进口袋。

看上去现代医学似乎就要书写崭新的伟大篇章了。历史学家杰拉尔德·吉森在调查最近公开的实验日志时发现，这位伟人撒了很多谎，他在给病人接种疫苗之前，会装作拥有这种狂犬疫苗相关经验的样子。然而这一点并不能改变一位将死之人向巴斯德求助时他所处的困境，也不能改变他成功治愈患者的事实。如今这种问题也不可避免地出现在相似的境况中。在巴斯德的事迹中，还有其他前后矛盾之处，比如说他与德国细菌学家罗伯特·科赫[1]之间的分歧。两位都对炭疽病及其病原体感兴趣，并且相互争夺造出首个有效疫苗的荣誉。他们曾经以无耻的语调写过公开信件。《罗伯特·科赫和路易斯·巴斯德：两位巨人的决斗》（*Robert Koch und Louis Pasteur：Duell zweier Giganten*）一书的两位作者马克西姆·施瓦兹和安妮·佩罗就在书中叙述过这件事。

21岁的巴斯德身上还有一处污点，若非如此，他当是无可指摘的。他跟"Keimen"[2]扯上了关系，但这次并非疾病问题，而是关系到生命的诞生。尽管今天我们很确定，生命不是在温暖的池塘中或者运动的肉体中自发产生的；而是因为这些地方的微生物早已存在并且不断增殖，当时，巴斯德及其同事却需要为这种说法提供

---

[1] 罗伯特·科赫（Robert Koch，1843-1910年）是伟大的德国医学家，诺贝尔生理学或医学奖获得者。
[2] Keimen 既指病菌，又指萌芽、起点。

证据。1860 年前后这种方向的研究有很多，但它们都不具备足够的说服力，尽管如此，巴斯德还是拿到了科学院的奖金。需要注意的是，尽管巴斯德一直自豪地对外宣称，他通过实验排除了生命自发产生的可能性；但是直到 1878 年的私人笔记（他在世时一直没有公开）中，这种自发性起源的可能性都依然被包括在内。难道万物之初必定如此吗？

尽管今天人们普遍认为巴斯德是微生物学家，但是最初他是一位化学家，比如他曾经关注酒精的发酵，以了解啤酒是如何产生的。巴斯德研究这个课题的时候，没有人知道发酵是纯化学过程还是需要微生物的作用，当时人们大多认为这种微生物是酵母。巴斯德证明了发酵过程不仅仅会产生乙醇和二氧化碳，还会生成大量诸如甘油、琥珀酸、纤维素和脂肪的副产物。他得出结论：发酵过程中必定有生物参与。1861 年，他发现了后人所说的"巴斯德效应"。在缺氧时，细胞会通过碳水化合物的厌氧性分解来满足自身的能量需求。关于这一点，可以在他 1876 年关于啤酒的书《啤酒研究》（*Études sur la bière*）中读到。这真是一个美妙的课题！

**引发疾病的细菌**

罗伯特·科赫

（1843—1910 年）

这个问题如此精妙，
我不愿以拙见相答。

科学洞见

罗伯特·科赫出生于克劳斯塔尔－策勒菲尔德，曾在哥廷根学习医学。其间，他结识了雅各布·亨勒，后者 1840 年就已经在理论层面上提出，物质上具体的病原体是存在的，但是不能给出可见的证明。1872 年，科赫获得博士学位，作为专区医生来到波兹南。他在自己的诊所里建了一个小型实验室，里面不仅配备有传统的器材——显微镜、切片机、保温箱、染色器等，还有一台照相机，它可以把显微镜下的切片拍下来。

在科赫工作的地方，牛经常染上炭疽病。很长时间以来，兽医们都怀疑，这种疾病与细菌有关。而且也有报告说在病畜的血液中看到了杆状的图像（"细菌"）。科赫通过艰难而琐碎的工作，将这两条线索联系在一起。1876 年，他找出了炭疽病的病原体。除了在村子里完成医生的工作之外，他还成功地在显微镜下观察炭疽杆菌的生长。他发现这种细菌会产生孢子，并且可以以这种形态潜伏数年，从而再度侵入生物体并使其感染。

首次获得成功之后，科赫改善了自己的技术设备，转而研究人的创口感染，如败血症。他想要再次找出引发疾病的细菌。1878 年，他出版了《最新感染性创口疾病微生物研究》一书，并凭借此书跻身柏林皇家卫生局。

把科赫请到柏林的提议来自当时的帝国卫生部部长、卫生委员海因里希·施特鲁克。他在 1880 年 5 月 9 日写给内政部在任的国务秘书的一封信中对此举做出了解释："我衷心地建议阁下，为了填补正式成员席位的空缺，可以任用候补成员，沃尔斯坦的地方医生罗伯特·科赫博士。为该职位选拔人才的时候，我首要考虑的并不仅仅是找到一位具有实践经验、能够承受工作压力并且受过公务训练的医务官员。他还应当能够利用手中的机会，对卫生部首席团队未予以足够重视的实验病理学及显微技术顶尖专业人士的需求加以考虑。"1880 年 7 月 10 日，科赫在路易森大街 57 号上任，这也标志着医学史上一段黄金时期的开始。

来到首都的科赫将他在乡下的事业推行了下去。1881 年，他发表了《论杀菌作用》，提出蒸汽杀菌法，想要找出令人惧怕的肺结核病原体。1882 年 3 月 24 日，科赫在大学的生理学讲堂上发表了经典的演讲《论肺结核》。在演讲的结尾，他总结道："在结核组织中出现的细菌不仅伴随结核感染出现，它们还是患病的根本原因，这些细菌就是结核的真正病原。"

为了这一关键结论，科赫提出（并验证了）今天被称作"科赫前提"的学说，它成了细菌学研究的基本原理：只有证明一种病原体总是（不同时在其他疾病中被发现）能够在体外进行培养，并且在转移至实验动物时能够引发同样的疾病时，才可以认为它是这种疾病的病原体。

1885 年 4 月，科赫离开了卫生局，以院长的身份在柏林大学的卫生研究院工作。以此为基础，他成立了一所学校，培养了许多著名的医生和微生物学家——例如弗里德里希·莱夫勒，他发现了白喉和口蹄疫的病原体；以及格奥尔格·加夫基，他首次成功培养了伤寒杆菌。

1890 年，第十届国际医学大会召开之际，科赫发表演讲《论细菌学研究》，使细菌学正式成为自然科学中的一门独立学科。至此，传染病的研究得以系统地进行。然而，普鲁士政府和患者们则有更高的期望——研制抗结核的药物。尽管科赫相信，"细菌学对于治疗法也意义重大"，并且能够"将活体内的致病细菌无害化，而不伤害到身体"，但是科赫也清楚，他们距此目标相当遥远。因此，他的观点是，对于传染病，"重点还要放在预防上"，即卫生学手段。1891年的情况也是如此，普鲁士政府为科赫建立了传染病研究所。虽然这家研究所以他命名，但最初它被安置在夏洛特医院的一个角落。1905年，科赫获诺贝尔生理学或医学奖后，治疗条件得到了根本的改善。1910年，这位细菌学先驱在疗养期间逝于德国巴登。

# 05 细胞之国

鲁道夫·菲尔绍

（1821—1902 年）

虽然大家工作都很努力，研究也很深入，但总得有人再想出个好点子来。

科学洞见

鲁道夫·菲尔绍常常被赞誉为"19世纪医学家及科学家的缩影"，因为不同于其他人，他频繁地从自然科学的角度研究治疗法。1821年，他作为一位肉铺师傅的独生子出生，幼时便凭借高超的智商和非同寻常的判断力备受关注。1839年参加升学考试时，他决定写一篇文章，表达自己的观点："充满勤奋与劳动的生活并非负担，而是一种善举。"

对他人而言，菲尔绍的人生就是这样一种善举，当时，他正准备攻读医学专业。1845年，菲尔绍首次发表了他的公开演讲《论机械观点医学的要求和正当性》。这场演说为处理疾病的科学性手段进行了辩护——基于临床及病理学观测，并且反对了缺少实践基础的自然哲学推想。菲尔绍断定，生命及其中出现的故障，都可以被看作细胞的活动，而神秘的生命力量则并非必要的解释（当时许多人仍持这种观点，对此，他们用到了拉丁语词汇"vis vitalis"）。菲尔绍改正了这种说法，同时他坦言："生命将永远都是一种特别的存在。"他也因此将医生这个职业与一种特殊的责任联系了起来。1846年初，菲尔绍通过医学考试之后，病理解剖学吸引了他。他申请了一个副院长的职位，并且制订了创办相关科学报刊的计划。首刊在1年以后发行，题为《病理学解剖、生理学及临床医学档案》，这份刊物至今仍在发行。

1848年，菲尔绍的生活和国家的境况都发生了改变。这一年的2月和3月，菲尔绍以病理学家的身份来到上西里西亚，进行社会改革活动。他认为当时流行的伤寒疾病并非单纯由机能性原因导致，其根源在于政治上的错误，它导致大多数人民的生活艰难困苦。菲尔绍批判了教会，指责了官僚主义，取笑了贵族，义愤填膺地讥讽了工薪阶层。说他们眼中的上西里西亚已经不再有人类，他们看到的，只有活着的机器，一旦有需求随时可以换掉它们。

1848 年，菲尔绍回到柏林，他也一同爬到了革命年代建起来的路障之上，以住院医生的身份发放传单。上面写着："要让医学真正完成它的使命，就必须让它进入庞大的政治与社会生活，它必须克服并清除实现正常生命过程路上的阻碍。"

政府称其为"煽动性的选举阴谋"，有关部门取消了菲尔绍在夏洛特医院的免费住宿。这样一来，他身上的钱便负担不起在柏林的生活了。

他被驱逐了，只得搬到维尔茨堡，那里的人们则大方地接纳了他。在巴伐利亚，菲尔绍放弃了政治活动，这种做法可能跟他日益壮大的家庭有关——他在柏林结了婚，几年间生了 6 个孩子。在科学方面，他依然精力充沛地工作，并且取得了成功。1856 年，首都不仅邀请他回去，还接受了他提的特殊条件，菲尔绍要求新建一家病理研究所，在夏洛特医院拥有自己的科室以及 2000 塔勒[1]的年薪。

这样一来，菲尔绍 1858 年在柏林发表划时代的文章《以生理及病理组织学为基础的细胞病理学》所需的条件就都得到了满足。在这篇文章中，体细胞被视作病灶及病因。在文章的开头，菲尔绍大胆地将生物体理解为"细胞之国"。在此前提下，他展开了社会

---

[1]　18 世纪通用的德国银币。

化的构想和对具有相互作用的生物学理论的论述。他将细胞比作国民，将生物体比作国家。菲尔绍不仅具有共和的思想，他还亲自参与政治，当上了市议会、州议会甚至是帝国议会的议员。他是自由主义倾向的"德国进步党"创始人之一，在奥托·冯·俾斯麦成为普鲁士首相后，与之陷入了严重的分歧。1865 年，菲尔绍因为可能出现的战争债券强烈抨击俾斯麦，直至这位贵族认错。菲尔绍拒绝充满陈词滥调的争论，这一点也让他背上了懦夫的名号，但对于这座城市来说，却是件好事。最终是他迅速地阻止了 1866 年新一轮霍乱的蔓延。随后，菲尔绍推动了除夏洛特医院之外其他医院的建设，其中一家今天依然存在，即威丁区那家以他的名字命名的鲁道夫 – 菲尔绍医院。

　　菲尔绍的人生能够带给我们很多启示。有一条他曾在 1868 年说过："追求普及教育的国家也应当追求公众的健康。健康在先，教育在后！花在健康事业上的钱是最值得的。"1852 年的版本则更为简练："教育、财富和自由是国民长久健康的唯一保障。"

# 06　世界并非我们看到的那样

威廉·康拉德·伦琴

（1845—1923 年）

不空想，只求证。

科学洞见

1900 年前后，物理学历经了一场革命。阿尔伯特·爱因斯坦认识到，自 19 世纪初，他的同行们所宣称的颠扑不破的真理是不准确的，即认为光是一种波的观点。根据爱因斯坦的看法，光也展现出了只有粒子具有的特征，他认为这种双重性是革命性的，而这种特性在威廉·康拉德·伦琴发现的新射线上表现得十分清晰。最后人们根本搞不清楚光到底是什么。因为它既像波又像粒子的话，我们就再也不能清楚地指出它实际上是什么了。爱因斯坦发现了自然科学中第一个找不到答案的问题，从此，光成了一种神秘的存在。

威廉·康拉德·伦琴取得重大发现的时候，存在着一种世界观，当时人们很清楚这种世界观的来源，也就是自然科学。据伦琴及其同时代人士的见解，世界可以被客观描述，世界上的法则是明确而完美无缺的，自然不具有跳跃性，每个物体都是可描述的。人们很确定，世界具有一种样貌，而科学能够确定它并且描绘出一幅世界的图景。

伦琴的成就可以从 3 个层面来进行分析——其一是医学层面，其二是通常的科学层面，其三则是人类思想及文化层面。也难怪伦琴会获得科学界的最高表彰——这里所说的并非诺贝尔物理学奖，众所周知，1901 年，他成了首位获此奖项的科学家。我们要说的是"伦琴"（röntgen）被小写变成了动词这一事实。记者曾问他"您在发现了新射线的穿透效应时，有什么感想"，他以一句金句回答："我没有空去感想，我在研究。"对于这样一个人，这种荣誉是十分贴切的。

1895 年，来自雷姆沙伊德的伦琴发现"新种类的射线"的

时候，他在维尔茨堡的物理学院工作。他将诺贝尔奖奖金的
50 000 瑞典克朗捐赠给了大学。他还放弃了为自己的射线观测及通
过空气放电管生成射线的方法登记专利。伦琴认为他的成果属于大
众，不应用作专利或是通过授权来独占它们。

从科学层面上来看，伦琴的射线为今天称为"分子生物学"
的学科开启了大门，这一学科描绘了现代的人类形象。人们可以从
中看到两大发展趋势。首先，晶体的 X 射线结构分析让我们更进
一步看到了蛋白质和核酸的结构多样性，这极大地帮助了 19 世纪
的代表图像的绘制，也就是遗传物质 DNA 的双螺旋。其次，1927
年，人们发现 X 射线可以导致遗传物质的突变，这一发现使得找
到这种生命的核心结构的过程轻松了许多。或许这在今天听来平淡
无奇，在当时却是极其激动人心的；因为在 X 射线的帮助下，一
直以来生命内部深不可测的基因突然拥有了形象。因此基因也具有
了物理学特征。

伦琴的射线在人类文化领域留下的痕迹可以作为第三个层面。
伦琴找到了不可见的光，说明世界并非我们看到的那样。因此文化
的一项基本任务发生了改变。因为在这一发现之后，若要展现世界
原本的样貌，就必须用与我们看到的不相同的方式来描述它。如果
认同了这一点，就会明白，在伦琴的发现之后，绘画作品变得抽象
了。X 射线直接闯入了艺术的世界，从历史的角度看来，艺术与科
学紧密地联系在一起，当然这一点仍需现代人学习。

此外，尽管伦琴的射线证明了旧原子的可分性，但是在后
来的几年里，科学界构建起新的原子，使得观察者与被观察事

物的状态被绑定在一起。世界和"我",主观与客观的不可分割性在物理学史上得到了一个让许多人觉得复杂的名字——互补性(Komplementarität)。这个词由拉丁语的"completum"衍生而来,有"整体"之意,最初是由丹麦物理学家尼尔斯·玻尔提出。他想要借此表达,当引入除(物理学的)因果性之外的作用及构成元素时,人们只能将自然作为整体来理解。实际上根据玻尔的说法,原子让我们意识到,即使是在现实的这一层面上,要理解世界,"形态"(Gestalt)的概念也是很重要的。只有在分子形态恒定的前提下,化学反应过程才能够被理解,总的来说,将形式及因果因素作为同一解释的互补方面结合起来似乎是一种可取的做法。这在生命的形成过程中是理所当然的,这一过程最终产生了艺术品般的人体,如果仅通过纯粹基因产物的物理相互作用是无法实现的。只凭因果性是无法将人类看得透彻的,而这种见解正是因为 X 射线的观察逐渐开始形成的。

# 07  敬畏生命

阿尔贝特·施韦泽

（1875—1965 年）

科学若得其真谛，可破人之妄念
——因其将天地至理昭示分明。

科学洞见

阿尔贝特·施韦泽生于阿尔萨斯，死于非洲，具体来说是在加蓬的兰巴雷内。1913 年，他在那里建了一所丛林医院，并且在当地行医数十年。施韦泽不仅仅是位医生，他还是一位新教神学家和出色的管风琴师。他发表过关于约翰·塞巴斯蒂安·巴赫作品的文章并且作为和平主义者进行活动，从而获得了 1952 年的诺贝尔和平奖，他在 1954 年领受了该奖项。除此之外，施韦泽还曾就时兴的伦理学和必要的"敬畏生命"发表了观点。这是他关于这一主题的著作的标题，其中有一句话常常被引用："我是渴望生的生命，在渴望生的生命之中。"那么，是怎样的人生道路将他从阿尔萨斯带到了加蓬？

1893 年，在米尔豪森完成中学毕业考试后，施韦泽在斯特拉斯堡学习神学和哲学，在巴黎则专注于风琴演奏。1899 年，他发表了一篇关于"从纯粹理性批判到纯然理性界限内的宗教的康德宗教哲学"的文章，并在斯特拉斯堡获得了哲学博士学位。1901 年，一篇题为《各种新的历史性圣餐观点的批判性解读》的文章问世，他凭此文章获得了神学博士学位。1913 年，这篇博士论文的内容被编成书出版，书名为《耶稣生平研究史》。施韦泽认为在所有对耶稣的描述中更多反映的是其作者的精神，而非对圣子灵魂的剖析。对他来说，这位来自加利利的男人就像一位陌生人，需要由当今的时代来重新定义。

1902 年，施韦泽凭借对"救世主及苦难的奥秘"的解析，获得了新教神学的授课资格。从此他成了斯特拉斯堡大学的神学讲师，并且继续以助理牧师的身份在当地的圣尼古拉教堂工作。

1905 年，30 岁的施韦泽开始攻读医学专业，希望成为传教医师。这个职业需要获得特殊批准，但他还是实现了自己的目标，于1912 年成为一名医生。同年，他获得了神学教授的头衔，并且完成了医学博士论文。他打破了熟悉的框架，并没有到解剖学的世界里探险。施韦泽多次描述"耶稣的精神病学评价：描绘与批判"，并反对至今在精神病学基础上理解耶稣的存在与影响的尝试。这个时候施韦泽 38 岁。他已经获得了 3 个学科的博士学位，拥有了授课资格，发表了一部巴赫专题论著——《约翰·塞巴斯蒂安·巴赫》（莱比锡，1908）。他在其中重点强调了巴赫音乐的修辞学属性，提出了"声音演说"。随后，他与海伦妮·布莱斯劳结婚。不久之后，他动身前往加蓬，在非洲长达 1200 公里的奥顾河畔建立兰巴雷内的丛林医院。

他希望在那里救助病患，之前没有其他人做过这样的事。这个时候第一次世界大战在欧洲爆发了。施韦泽和妻子先是被软禁，1917 年又被转运至法国波尔多附近，两人一直被拘留到 1918 年。尽管施韦泽受到贫血的困扰，又疲于丛林中的工作，但他渐渐恢复过来，开始撰写《敬畏生命》。战争结束后，他回到了阿尔萨斯。1920 年以后，他开始就其伦理学进行演讲，并举办风琴演奏会，因为他需要还清债务，还需要一些钱来返回非洲。1924 年，一切准备就绪，施韦泽开始着手扩建兰巴雷内的丛林医院。

1954 年，获得诺贝尔和平奖之后，他在阿尔伯特·爱因斯坦和奥托·哈恩等人的敦促下，为反对核武器发声。起初施韦泽有些犹豫，他对核问题不甚了解，在与爱因斯坦和维纳·海森伯等人的信件往来中逐渐得知了详情，便撰写了反对"核战争的危险"的倡议书。这招致了部分人的反感，他反对核试验的举动遭到几份报纸的强烈批评。施韦泽针对西方世界而做出的这种单方面冒险行为是非同寻常的。

20世纪50年代末，人们对施韦泽的评价发生了转变。以往由于对他的赞誉而淡化的批评性的论点又冒了出来。有人指责他在获得充足捐款的情况下没有对丛林医院进行现代化改造，卫生状况不佳并且有患者作为非法员工进行义务劳动。他们说他一直以局外人的姿态面对非洲，仅仅为了媒体效应才用当地的羽毛进行装饰。但出版于2009年的神学家尼尔斯·欧勒·欧尔曼的传记中对施韦泽出众的品质和成就进行了认可；但同时他也认为，施韦泽是"包装自己的大师"。

施韦泽去世后，医院由"国际阿尔贝特·施韦泽组织"（AISL）接管，该组织由欧洲负责。阿尔贝特–施韦泽医院自建立以来经过多次改建，以适应医学及技术的发展。1961年，1个日本人、1个匈牙利人、1个美国人和2个瑞士人组成了一支医疗团队。来自非洲的12位持证护士和40位医疗助手在兰巴雷内接受了培训。并遵照施韦泽敬畏生命的旨意，在20处禁猎区为生病的动物进行治疗。

# 生命是什么

## 分子生物学和遗传学的见解

# 01 寻找最简单的生物

马克斯·德尔布吕克

（1906—1981 年）

> 我很早就意识到，科学家改变世界的力量远胜恺撒。而实现这样的壮举，只需静静坐在角落一隅。

科学洞见

马克斯·德尔布吕克是分子生物学的奠基人，1969年，他凭借遗传学方面的研究获得了诺贝尔生理学或医学奖——这是该奖项在斯德哥尔摩的准确名称。德尔布吕克生于柏林，在德国首都的格吕内瓦尔德区有一座德尔布吕克桥。然而这座桥并非以马克斯命名的，而是以其父汉斯·德尔布吕克命名的，他是19至20世纪的一位著名历史学家。德尔布吕克一家和他们的邻居尽是出色的人文科学家——比如法律学家和神学家，这促使幼时的马克斯去做与之完全不同的事情，也就是观星。

他原本想要成为天文学家，便开始学习这一学科，这时，他听说了物理学的神奇之处。1900年马克斯·普朗克提出了量子跃迁的观点之后，他的同行们用了20多年构建了一套原子的量子理论。这些理论出现在20世纪20年代，马克斯·德尔布吕克感到相当振奋。他换了专业，学习新物理学并且凭借一篇关于锂原子的运动的论文获得了博士学位。一切都进行得非常顺利，德尔布吕克很懊恼，因为物理学的根本性革新已经完成，对于像他这样迟来的人来说，只剩下一些可以补充的细节。而他对构想出全新的事物更感兴趣。

20世纪30年代初，他以美国洛克菲勒基金会奖学金获得者的身份来到哥本哈根，在尼尔斯·玻尔身边度过了几个月，后者凭借对新原子理论的贡献获得了诺贝尔物理学奖。其间，他看到了自己的机会。玻尔不仅具有科学思维，还有哲学思维。他告诉德尔布吕克，物理学世界观的颠覆也是因为存在一个简单的系统——即氢原子和那个独自环绕原子核运动的电子，在它的帮助下，科学家们才能在摸索和猜测之中逐渐接近新的定理。玻尔说，如果人们不去分

167

析诸如豌豆、苍蝇或蝗虫这样复杂的生物，而是专注于个体更为简单、繁殖方式不过于复杂的生命形式，那么生物学及遗传方面的研究才会有所进展。也许在遗传学上存在着氢原子一样的事物，也就是最简单的生物，它们除了繁殖之外没有其他行为。

德尔布吕克就像触电了一样。他眼前树立起了一个远大的目标，尽管达成这个目标还需要好几年，但他已经开始为其努力。1937 年，在洛克菲勒基金会为他提供的另一项奖学金的帮助下，他来到美国，在洛杉矶附近的帕萨迪纳的加州理工学院深入学习遗传学。德尔布吕克在这里接触到了研究病毒及探索细菌内部的生物学家。然而这些生物学家对遗传学问题并不感兴趣，他们只想知道病毒是否会引发肿瘤。尽管这是一个相当重要的课题，但在当时却并没有真正被理解。德尔布吕克发现，因吞噬细菌而得名"噬菌体"的这种病毒，正是使遗传学成为定量科学的理想研究对象。

通过精密的实验，他首先证明，一个噬菌体就足以入侵一个细菌并将其溶解，并且最终形成一大群噬菌体。实验过程中，常常会出现对这种病毒具有抵抗力的细菌。德尔布吕克与意大利生物物理学家沙尔瓦多·路里亚合作，进一步观察这个现象，最终他们确定，这些细菌发生的突变使其具有了对噬菌体的抵抗力。而这二位也免不了要准确测定这种突变的概率。德尔布吕克和路里亚的发现，在今天已经成了常识，它使分子生物学的成功成为可能。细菌具有基因，并且其突变概率可被准确计算——他们为科学史开启了新的篇章。

尽管有这项研究获得的成功及其诸多优秀的方面，德尔布吕克的内心却相当失望。因为新原子物理学已经说明，当我们试图理解光的时候，奇怪的矛盾之处并非不存在。光又像波又像是粒子，而这两种自相矛盾的形态对于光这一现象的理解都是必要的。德尔布吕克曾经希望，将生命的基本过程一分为二，形成同样对立而互为条件的情形。但是当20世纪50年代，基因的双螺旋结构被提出时，遗传学问题似乎是可以用机械模型来解决的。德尔布吕克改变了专业方向，尝试初探知觉，他将一种真菌选为对象，这是一种被称作"须霉"的单细胞真菌。德尔布吕克为这种微菌适应光强度的能力着迷，他希望找到一条适应性的基本定理。

须霉能够避开障碍物并且绕着它生长，而它们感知并且加工了怎样的信号却不为人知，这一点让他非常振奋。继噬菌体成为遗传学的氢原子之后，这种真菌又会成为知觉方面的噬菌体。这个愿望并未成真。生命没有对德尔布吕克展现它的奥秘，对别人也没有。

# 02　奥卡姆扫帚

西德尼·布伦纳

（1927—　　）

应对生物学难题当如应付税务——能避则避方为上策。唯物理学家执着最优解，生物学家精于寻找满意解。只要可能未尽，便可谓圆满答案。

科学洞见

2002 年，当斯德哥尔摩的皇家科学院终于决定将诺贝尔生理学或医学奖颁给西德尼·布伦纳的时候，他在同行中间早已是传奇人物。这位 1927 年生于南非的分子生物学家在英国著名的学术圣地——牛津和剑桥度过了他所改写的现代遗传学史上最为关键的几十年。1992 年正式退休后，他先后离开伯克利和圣地亚哥，希望为他热爱的科学的发展做出贡献。

布伦纳的名气不仅来自他对分子生物学大量的基础性贡献。他还尤其因为不一般的"格言"为人津津乐道，这些"格言"还频繁地被引用。其中最有名的就是"别担心假说"，根据这条假说，人们不应为现有观点无法解释的观测结果分心。即使是最佳的解释也不能一次性掌握全部内容，它只能顾及一部分，我们只需要将精力放在这一部分上。不能理解的内容，就藏起来，实在绕不开了再说。这时候再把这些都拿上台面依次处理。将所有依然无解的问题扫出视线的扫帚被布伦纳称作"奥卡姆扫帚"。

他借此影射了 14 世纪的英裔法国人奥卡姆的威廉，他认为，对某一现象的所有解释之中，最有希望接近真相的，就是最简单的那一种。奥卡姆建议，对所有的理论使用一把剃刀（"奥卡姆剃刀"），以清除不必要的观点，也就是进行简化。布伦纳提出的"奥卡姆扫帚"，其实完全可以叫"布伦纳扫帚"，因为它所做的则是相反的事情。当他将无法解释之事藏在地毯之下，他并不会去清扫地毯，而是放任它们存在，营造出一个看似洁净的房间，直到踩在地毯上发出的嘎吱嘎吱声不堪忍受时。也就是说，这个时候思想跟不上事实了，一些问题已经无法再忽视下去。

自从 1953 年基因的构成为人所知，另一个问题便出现了。遗传分子的功能如何实现？人们普遍认同，在基因中，准确地来说，是在其构成单元的序列中隐含着生物学信息，其他分子（蛋白质）经由它们生成，从而执行具体的任务；基因的构成指令以这种方式传递、运输。当时，新一代的分子生物学家们相互讨论，诸多假说乱作一团，但是没人说得比布伦纳多。

他以"说个不停的男人"著称，但是他自己很清楚什么时候该停下来，用实验说明那些语言无法解决的问题。有一件事情很有名，他当时在加利福尼亚，一个星期天的下午，他在圣塔莫妮卡海滩与不久后获诺贝尔奖的巴黎人方斯华·贾克柏[1]聊天时，意识到寻找遗传信息携带者的尝试失败很多次以后，还是有望成功。两位游人一秒也没有迟疑，用交通法规所允许的最快速度从海边开到实验室。刻不容缓，不顾夜色将至，他们进行了一次经典的实验，这次实验为信使 RNA（mRNA）的存在提供了证据，这在今天的每本教科书里都能找到。

相应学术文献的开头列举了一些被后续实验证实或是证伪的假说。布伦纳和贾克柏如此系统地进行研究，是因为他们相信哲学家卡尔·波普尔[2]所提出的"研究的逻辑"。根据这种逻辑，科学家应先做出猜想，然后在实验中证明或是推翻它。然而，研究成功之后，布伦纳和贾克柏很快认识到，这一过程中存在一些异常之

---

[1] 方斯华·贾克柏（1920— ），犹太裔法国生物学家，他与贾克·莫诺发现了酶在原核生物转录作用调控中的角色，也就是后来所知的乳糖操纵组。
[2] 卡尔·波普尔（1902—1994 年）是批判理性主义的创始人。

处。终究，研究的任务并非满足哲学的前提。科学理论更应满足科学家给出的前提。很快，布伦纳就完全打破了以逻辑为研究规划的体系。1997 年，他关于科学发展及历史的文集出版，题为《未知结局》（*Loose Ends*）。有人问他，在他的研究所里，员工们采用何种组织形式，布伦纳在书中以"未知团队"作答。

自从 20 世纪 70 年代起，他的助手大多关注一种蠕虫的遗传，生物学家将这种虫子归为线虫类，其学名是"秀丽隐杆线虫"（*Caenorhabditis elegans*）。这种线虫帮助遗传学脱离细菌，从而着眼于具有神经细胞的生命形式。布伦纳想要探究基因指导单个分子形成之外，是如何完成由众多细胞组成的身体设计的，他认为这种蠕虫应该能够给他答案。时至今日，人们已经能够清楚地表述单个细胞的形成过程及其遗传物质（基因组）的序列。但是布伦纳是否明白，最初进行这项虫子研究时，他想要的是什么？如果有人这么问他，他会微笑，而且是满意地笑。

# 03  去倾听它们

芭芭拉·麦克林托克

（1902—1990 年）

优秀的生物学家需对其研究对象怀有共情——所谓"有机体"，绝非仅指一株植物或一只动物。其每一组成部分本身，皆是同等完整的生命单元。

科学洞见

在纽约城的附近，准确来说是在曼哈顿以东，著名的"长岛"上，有一个名叫"冷泉港"的村庄。自19世纪末以来，这里就出现了一所生物实验室。1945年之后，冷泉港发展成了新兴分子生物学的中心。20世纪30年代以来，每年这里最值得关注的便是定量生物学的科学研讨会。大会召开之际，当下遗传学方面的人物便会齐聚一堂。1951年夏天，芭芭拉·麦克林托克得到了在此发言的机会。她受邀讲解"染色体组成及玉米的基因行为"，她想要着重介绍该植物"可变基因位点"的发现。

她发现，基因在细胞中的位置可以发生改变，她认为，这种变化的"来源和情况"都是可理解的。她起初就觉得"一个细胞会得到另一个细胞所丢弃的东西"。

当时，芭芭拉·麦克林托克已经研究玉米数十年，她重点关注的是这种作物的花序上的色素沉着，她对多代进行了跟踪观测。她理所当然地认为，这种可见的色彩背后具有遗传学的原因。但她同时注意到，有几个基因及其变体出现了奇怪的情况，而且它们在染色体——即遗传物质的载体中的位置（位点）会发生改变。芭芭拉·麦克林托克发现了今天教科书中所说的"转座基因"及其控制因子。她也因此获得了1983年的诺贝尔生理学或医学奖。但是，她1951年在冷泉港讲解这一成果的时候，听众却一片死寂。似乎没有人听得懂她在说什么也没有人提出问题；她结束演讲的时候，下一位演讲者马上就被叫上台，芭芭拉·麦克林托克备受冷落。她已经习惯了这种情形，早已锻炼出了所谓"独处的能力"。

20世纪70年代上半叶，笔者曾在冷泉港度过了几个夏天，私下里结识了芭芭拉·麦克林托克。林中散步时，她踏出的每一步都小心翼翼，这让笔者惊异于她与自然环境的相处之道。我很少遇到像这位女士一样，给人留下如此平和的印象的人。她还自愿地讲起了 1951 年那件惊人的事，她对此已经有所理解。20 世纪 50 年代初期，生物学家们全力以赴地研究遗传的分子力学和构成基因的物质。芭芭拉·麦克林托克从未相信，生命及自然的奥秘隐藏在物理学结构中。她的一生都相当从容，她不是单纯去切开她所研究的植物，而是去倾听它们。她想要培养一种对生物的感情，她认为这样能够更加了解这种生物。而生物化学家和分子遗传学家使用的则是还原论[1]的方法。

想要尽量全面地掌握丰富多彩的生命，可能这两种方法都是必要的，因为细胞的遗传物质不仅仅是精巧的机器所解读并转化的信息的聚合。而对于今天的许多分子生物学家来说，认识到这一点也是很困难的。这个时代的关键词就是"基因组"（Genom），它指的是一个细胞以至一个生物体的所有遗传物质。

芭芭拉·麦克林托克一直都在避免将观察基因组一事想得太简单。1983 年，诺贝尔奖颁奖时，她在演讲中说：

"染色体组是细胞中高度敏感的结构，它一方面监管着基因的活动，纠正常见的错误，另一方面则感知异常行为并做出反应。"

事实似乎并没有这么简单。一个细胞以给定的遗传物质开始

---

[1]　还原论或还原主义是一种哲学思想，它认为复杂的系统、事物、现象可以通过将其化解为各部分之组合的方法来加以理解和描述。

进行其生命活动并且简单地延续这种动作。细胞中的许多反应的目的似乎更大程度上在于产生生命及生物体基本单位所需的基因组，并维持它们的稳定。这是一个圆周式的动态过程，其中，基因产生细胞活性及其相应分子活动，并且维持它们的运转。

一切都颇为古怪。一个将所有生命过程尽收眼底并且理解了其中的相互作用的人，却终其一生形单影只。早在幼年时，她的母亲就教她一个人玩玩具。尽管因为科学研究结识了许多人，她却觉得"从来都没有必要与他人建立个人关系。我从来都没有过这种愿望"。她曾这样对传记作家说，"我从来都不能理解，婚姻是什么。我现在也没有明白……我从来都不需要它。"

# 04  对解剖学尽头的探索

詹姆斯·杜威·沃森

（1928— 　）

> 如果你是房间里最聪明的人，
> 那么你就该换个地方了。

科学洞见

詹姆斯·杜威·沃森在多个领域都成就非凡，而且他在某些领域可以说是成就巨大。也许再也没有一个科学家，在分子生物学这一形式的生命科学方向上拥有像他那样巨大的影响力。然而这个背景下的许多专家却不愿无节制地赞赏他、崇敬他，因为他的许多言辞都具有挑衅般的弦外之音。他在一次报纸采访中说道："从前人们相信，他们的命运在星星上。现在我们知道了，我们的命运在基因里。"他想要将这命运交至人类手中。"如果可能的话，我们可以给人类更好的基因，从而帮助他们，那么为什么不试试看呢？"

沃森说出这种话的时候，他知道随之而来的会是巨大的愤怒。但是这没对他造成什么影响。他的一生所掌握和达成的事情太多，以至于年事已高的他不必再恐惧任何失败。在他坎坷而惊人的一生中，一切都始于 20 世纪 50 年代初，其中有几个值得着眼之处。来自芝加哥的沃森 25 岁时留在了英国的剑桥，因为他沉醉于"基因是什么"，"基因长什么样子"这一类问题。他曾试图寻找一间实验室，可以与其他科学家一同探寻基因与生命的奥秘，在这个过程中，他遇到了英国人弗朗西斯·克里克[1]。1953 年初，二位成功地描述并构建了遗传物质的经典结构：DNA 的双螺旋。

自此，全世界都在尝试从这一分子螺旋结构出发，以借此理解生命。沃森知道应该如何对此有所贡献。继双螺旋的成功之后，

---

[1] 弗朗西斯·克里克（1916—2004 年），英国生物学家，物理学家及神经科学家。最重要的成就是 1953 年在剑桥大学卡文迪许实验室与詹姆斯·沃森共同发现了脱氧核糖核酸（DNA）的双螺旋结构。

这项研究本身就已经没有多少价值了，所以他转而关注教学。他成了哈佛的教授，撰写了第一本，也是最著名的一本新分子生物学教材——《基因的分子生物学》(*The Molecular Biology of the Gene*)，这本书至今仍不断再版，现在负责该书内容的已经是一个编者团队了。正如沃森在20世纪80年代的版本中所写，终于"不再有了解所有基因知识的分子生物学家"了。

教材取得成功且将诺贝尔生理学或医学奖揽入囊中之后，沃森决定尝试当一名作家。在他40岁生日的时候，他的畅销传记《双螺旋》(*Die Doppelhelix*)出版了，不久后便被BBC拍成了电影。

平日伴随残酷竞争的科研生活，随着沃森那种出彩而随意的叙述早已成为了经典篇目。就连许多真正的作家都给予他高度评价，所以沃森因此获得诺贝尔文学奖也就不足为奇了。

沃森的反对者常常指责他只对名声和金钱感兴趣。数年前，沃森拍卖了因诺贝尔奖获得的奖牌，如此看来，他们说的似乎是有道理的。一位俄罗斯的沃森崇拜者高价买下了这块奖牌，随后又还给了他的偶像。这下就轮到沃森哑口无言了。

让我们的目光回到那位狡猾的科学家、教授兼成功作家、直至20世纪60年代末的组织者与领导者沃森身上。他放弃了自己在著名的哈佛大学的教席，接管了19世纪建立于纽约附近长岛上、兀自摇曳于水面的冷泉港。后来的几年里，他将这片寂静的科学荒原变成了国际上最受认可的生物学研究中心。这里曾发起的诸多活动，科研预算也从最初的20万美元攀升至1000万美元，并且仍在不断上升。

20 世纪 70 年代,他的一大目标就是战胜癌症,当时盛行的分子生物学和充分流动的运输设备看起来着实让这个目标具有了实现的可能。然而这项研究却并未如预想一般顺利进行。

沃森为心爱的冷泉港实验室筹措到的资金中,就有一部分来自在长岛上拥有别墅的纽约富商。沃森不知疲倦地参加他们的俱乐部和晚会。他常常趁机用含糊的语调跟他的赞助者们搭话,顶着一头没梳过的头发,鞋带也松开着,这一招在上流圈子里相当奏效,因为他们觉得这是一种天才智慧的象征。1989—1992 年,除了担任冷泉港的负责人之外,沃森接手了"人类基因组计划"的管理,可以说这个计划是"对解剖学尽头的探索"。

其目标是认识人类细胞的所有遗传信息。沃森希望,在这个项目结束之时,基因的分子生物学可以发展成人类的分子生物学,他的这个愿望是如此强烈。我们走到这一步还需要一些时间,但是在他提出 DNA 的双螺旋半个世纪之后,我们已经获得了构成人类遗传本质的完整序列,他定会为此感到自豪。

# 05　闲聊与假设

弗朗西斯·克里克

（1916—2004 年）

真正令人着迷之事，总在闲谈间自然浮现。我即刻将此标准用于检验近日对话，不过须臾，便锁定了兴趣所向。

科学洞见

弗朗西斯·哈利·康普顿·克里克生于 1916 年 6 月 8 日，在一战的纷乱之中，他是英格兰中部的中产阶级成员。他显然有着与生俱来的好奇心，所以总是在问"为什么"。这让他的父母很早就给他买了一部儿童百科全书，他如饥似渴地读完了生物学部分。于是，正如他在自传中所说，幼小的克里克决定"当一名科学家"。弗朗西斯在自己成长的过程中早已坚定了他一生的信念，"详尽的科学知识会动摇一些宗教信条"。

克里克的职业生涯始于物理学硕士学位的申请，随后他的学业因二战中断，其间，他在英国南部海岸，服役于伦敦的英国海军。1945 年后，克里克对于未来没有具体的规划。30 岁的他已经结婚，但还没有孩子，他只知道自己想要从事科学方面的工作。因此，他认为有必要问问自己，对什么最感兴趣，并且还能够与它共度一生。有一天，他为这次冒险找到了一种出奇简单的方案。克里克发现了"闲聊测试"——用他的话来说，他留意自己最喜欢谈论的话题。他以此发现了终生研究的课题：有机物和无机物间的界限，即今天人们所说的分子生物学以及大脑。

对此，他首先要关注的问题是"什么是生命"。克里克相信，在剑桥权威的卡文迪许实验室可以得到问题的答案。在这里，他可以借助 X 射线，分析负责生命代谢过程的巨大细胞分子的结构。

克里克在这一项目里找到了研究空间，自 1950 年起，他在马克斯·佩鲁茨[1]和约翰·肯德鲁[2]的带领下进行科研。他很快发

[1]　马克斯·佩鲁茨（1914—2002 年）是英国生物学家和结晶学家。
[2]　约翰·肯德鲁（1917—1997 年），英国生物学家，1962 年获诺贝尔化学奖。

现，其中有一个关键性问题亟待解决：催化反应的大分子是怎样合成的。同时，他知道解答这个谜题的先决条件。20 世纪 40 年代，人们知道，只有细胞拥有相应的基因，复杂的蛋白质才会在细胞中产生并且发挥其催化作用。根据实验的结果和流传的假说，一个基因对应一种蛋白质。这种假说尽管没能给当时的人提供什么信息，却很快被克里克接受。他沿着这个思路走了下去，最后将注意力放在了基因及其结构上。基因显然负责蛋白质的生成，所以先找出构成基因的分子的结构，也是合乎情理的。我们已经知道这种物质的名称了，它就是 DNA。

继詹姆斯·沃森之后，很快又有第二位想要研究 DNA 结构的科学家来到了剑桥。因为这两位科学家讨论起来没完没了，让实验室里的其他工作人员忍无可忍，大家决定让他们共用一间办公室。据半官方的说法，"这样他们就能在一起讨论而不打扰到其他人"。二人的合作就此开始。不久后，全世界都会发觉，学校做出了一个正确的决定。

沃森和克里克的组合标志着一种新型研究团队登上科学的舞台。两个人不再拘泥于该学科教学法的个体研究，而是首先承认他们需要其他科学家的协助（关键词：团队合作），并且知道他们必须用新的理念来替代经受考验的传统理念。过去人们一切靠自己，让自己的研究领域不出现错误，还要时刻保持高度的警惕。沃森和克里克着重关注了解别人的成果。除此之外，他们还愿意冒犯错和出丑的风险，接受自己失败的提议。尽管如此，他们还是尝试利用这种模糊而带有目的性的思维优势去抓住机遇。他们期待幸运光顾有所准备的灵魂，就像 1953 年 2 月发生的事情那样，他们所有的想法都汇合在一起，他们的一切努力和辛劳都走向了胜利的终点。沃森和克里克向世界展示了遗传物质的结构，也就是早已闻名全球的 DNA 双螺旋，它是那样美丽，让两个人觉得自己已经掌握了生命的奥秘。

双螺旋发现后的几年里，克里克达到了他的最佳状态。他成了极具潜力的分子生物学理论家，并一步步地朝着理解蛋白质合成这一远大目标而努力。20 世纪 60 年代，经典的分子生物学形式随着基因的解码迎来了终结，他转而研究大脑。他径直向意识这一核心课题进发，提出了一个"惊人的假设"。假说认为，意识及人类灵魂完全可以通过分子结构及其相互作用进行推论并加以理解。克里克毫不怀疑，未来会有分子心理学，甚至是分子神经哲学，就像曾经的分子生物学那样。只有借助这种科学，才能最终理解我们的大脑。但到达这一步仍需要时间。

# 06 宇宙边缘的流浪者

贾克·莫诺

（1910—1976 年）

进化论有个耐人寻味的怪象：人人
都觉得自己懂。

科学洞见

　　20 世纪 60 年代，分子生物学取得成功，人们从而理解了生命过程是怎样进行的，以及怎样遵守遗传法则。贾克·莫诺的研究为这一时期做出了重要贡献，他在巴黎与弗朗索瓦·雅各布[1]合作，对基因调控的理解做出了关键性的贡献。新生物学从而成功发展，这一学科 20 世纪 60 年代末的代表人物认为，他们已经触及了该学科的尽头。

　　在 20 世纪 60 年代末，人们还仅仅停留在这一学科的开端。尽管如此，当时许多顶尖分子生物学家仍幻想自己距离生命的遗传学解读已经不远。无论如何，他们都觉得未来的思想不会再出现根本性的变化。分子生物学的信条、基因编码以及基因调控的机制让"生物学的基础"显得清晰无比，1972 年莫诺在《随机性与必然性》（ *Zufall und Notwendigkeit* ）一书中写道。这本书后来非常畅销，也给公众对于新分子遗传学的认知带来了重大的影响。

　　莫诺详细叙述了这一基础。它由 DNA、编码、被称作"反馈"的调控过程和教条组成，即使人们适当地组合这些元素"也根本不能阐明或预测整个生物圈"；但是这一基础"仍然提供了生命系统的通用理论"，所以人们可以满足于此。

　　莫诺这本书触碰到了时代敏感的神经，人们想要弄明白，分子生物学会去向何处。作为一名优秀的法国理性主义者，莫诺借此机会，以生命的还原论观点向上帝作别，将人类描述成在宇宙边缘

────────────

[1]　弗朗索瓦·雅各布（1920—2013 年），是一位犹太裔法国分子遗传学家，他与贾克·莫诺发现了酶在原核生物转录作用调控中的角色，也就是后来所知的乳糖操纵组。

来来往往的"流浪者",一种没有仁慈的神庇护的生物。20世纪70年代初,他成功地凭借这种论点成了新生物学界的思想家。他是法国画家和美国艺术家之子,从而拥有有趣的身世背景和多元的发展道路,这让生物化学家莫诺成为新遗传学界的艺术明星。莫诺被确诊患有不可治愈的癌症之后,没有陷入绝望,反而邀请朋友们到戛纳参加告别派对,这一举动进一步彰显了他的英雄形象。

为了强调以当时人们获得的知识就可以为生物学画上句号的观点,莫诺说了一句漂亮但常被误解的话,"适用于细菌的道理一定也适用于大象"。误解通常是因为没有看出其中的讽刺意味,莫诺把他的意见隐藏其中,只有专家才能一眼看出这个文字游戏中的端倪。莫诺具体提到的那种细菌,是我们肠菌中的一种,名为"大肠杆菌",通常简称为"*E. coli*"。莫诺那个年代的分子生物学家基本上只研究过大肠杆菌及其噬菌体。他们的愿望用莫诺的话来说就是:"适用于大肠杆菌的道理一定也适用于大象。"借助大肠杆菌模型来理解世界其他部分的最佳机会就在于这个愿望的实现。

不管这句话是严肃的还是戏谑的,它都击中了要害,说出了许多人正在思考的事情。"这就是分子生物学的样子",1968年《科学》杂志的首篇回顾文章如此描述了分子遗传学的诞生和兴盛。这篇文章的作者冈瑟·斯坦特显然认为,已经可以为分子遗传学书写完整的历史了。1962年,克里克与沃森一同获得诺贝尔奖时,他提出了乐观的想法。他在获奖感言中说:"我们迎来了分子生物学的一个时代的终结。如果DNA结构的发现是开端的终结,那么基因编码的发现就是终结的开始。"

10 年后，这个开始似乎也要结束了，分子生物学显然已经完成了它的使命。但是仅仅在 1 年以后，也就是 1973 年 11 月，一切又变了样。基因工程带来了新的开始，反而至今都看不到尽头！

再次回到《随机性与必然性》这本书中，莫诺尝试"在现代文化的整体背景中审视一个学科"，并且从中获得"可能对人类很重要"的知识。这时他首先想起，如上文中所引用的，他周围的人都可以被视作"宇宙边缘的流浪者"。实际上，莫诺是在试图营造一种表象，这种非难源自他的学科关于通常的生命及特殊的人类生命的发现。

莫诺显然不打算提出什么含蓄的命题。1967 年，他首次提出了既干涩又不抚慰人心的观点。这时他被巴黎的法兰西学院录用，可以进行一次就职演讲，他的观点震惊了虔诚的天主教徒及诺贝尔文学奖得主——小说家弗朗索瓦·莫里亚克[1]。他大呼："这位教授说的话，比其他那些可怜的基督徒所相信的要更加难以置信。"这时候，他或许会想到狄奥多·W. 阿多诺的《最低限度的道德》中相当大胆的名句，"只有那些连自己都理解不了的思想才是真理"。

---

[1]　弗朗索瓦·莫里亚克（1885—1970 年），法国小说家，1952 年诺贝尔文学奖获得者。他的主要作品有诗集《握手》、小说《爱的荒漠》等。

# 07 科学就像艺术

弗朗索瓦·雅各布

（1920—2013 年）

知识乃人类寻得与神明比肩的最强利器。

弗朗索瓦·雅各布心情好的时候喜欢讲夏尔·戴高乐将军的故事，后者于1958年召集了由12名智者组成的委员会，让每个人用5分钟的时间告诉每位到场的科学家，法国的当务之急是什么，未来的道路是什么。紧凑的1个小时过去了，戴高乐说，作为军队里的人，他可能永远不会明白新生物学在搞些什么。但是他觉得，可以在此基础上建立新的医学，21世纪的医学。

直到晚年，雅各布都惊异于将军为何能有此远见，何况20世纪50年代的生物学不过只认识了遗传物质的结构，最多也不过知道细胞如何利用其内部储存的信息罢了。在分子生物学的历史上，20世纪50年代末标志着一段激动人心的时期的开始，而在二战中因碎弹片受重伤的雅各布就是这一时期拥有最佳思想的活跃人物之一。1945年后，他学成归来，此后并未找到一份满意的工作，直到有一天他听说了遗传学的发展情况，当时人们正在研究细菌。他得知巴斯德研究所就有一个团队在做这个研究。最初自荐失败之后，他仍然获得了一个职位，这使得他与贾克·莫诺传奇般的合作成为可能。两人与安德烈·洛夫共同斩获了1965年的诺贝尔生理学或医学奖，因为他们发现了基因在细胞中得到利用之外，是如何细致地调控这一过程的。其中的关键词是"基因调控"（Genregulation），莫诺和雅各布两个人的发现，不仅是生物教材里的内容，还是历史学家口中"经典分子生物学"体系的支柱。借此，基因工程之前的生命科学就与其后在20世纪70年代出现的生命科学区分开来。

事实上，1970年以前，分子生物学家之间就流传着一种末日来临的氛围。尤其是在莫诺和雅各布的成果发布之后，人们觉得已经理解了基因如何按照规则运作。雅各布就像他的同行们那样，准备转而研究新的问题。作为一位活跃的科学家，他开始关注癌症是如何产生的。雅各布猜测，安德烈·洛夫——也就是数年前他在巴斯德研究所雇用并一同在斯德哥尔摩获奖的那个人的一个相当不起眼的发现，可能隐藏着解开肿瘤谜题的关键。洛夫注意到，有一种基因能够藏在遗传物质之中，只有接收到特定的信号才会被唤醒。雅各布考虑，我们是否有可能一直携带着引发癌症的基因，直到它们被环境中的毒素激活并且变得危险。

根据我们今天所掌握的知识，雅各布的基本思路是正确的，但他却没有沿着这条路继续走下去。因为经典分子生物学时代取得的成功就在眼前，雅各布心里萌生了撰写遗传学历史的想法。他想知道为什么人类科学花了这么长时间才开始关心遗传的问题。人们是如何用可解释的设想替代了生命始终神秘莫测的观念的？一本题为《生命的逻辑》（*Die Logik des Lebenden*）的佳作出版了，这本书让雅各布在"科学伟人"之外，又获得了"文学巨匠"的称号。

继 1970 年的法语原版之后，雅各布又以几乎同样的时间间隔出版了 3 本书，它们都被打上了他所在学科的标签——"经典"。1981 年，雅各布在《可能性游戏》（*Spiel der Möglichkeiten*）中阐释了，要将进化的思想与分子生物学联系起来，需要作何思考。1987 年他的自传出版了，该书题为《内在的塑像》。通过对一生中最为无聊的时光（他年轻时受了重伤躺在医院，不知道康复后该做些什么）进行的最为激动人心的叙述，他不仅完成了伟大的艺术创作，还因对科学黑暗面的描写和对发现过程的讲述震惊了读者。

　　雅各布讲述了他那解释了所有实验并且让他获得诺贝尔奖的想法是如何产生的。他在一个夏天沉闷的下午开始了思考。他随意选了一场电影来看，放松地靠在座位上。银幕上的某个画面引发了他的思考，他便不断地往下想，这让他在脑海中呈现了一幅新的景象，使他理解了那些实验结果。

　　这一刻雅各布明白了，艺术与科学的创造力的来源是相同的，而且它们有着共同的目标，那就是描绘世界的图景。"科学就像艺术，只复制了自然的一小部分，却重新创造了自然"，他在1997年的新书《老鼠，苍蝇和人》(*Die Maus, die Fliege und der Mensch*)中一再强调这一点。雅各布一定知道，这是德国浪漫主义的决定性思想。他能让这种思想在巴黎复苏真是太好了。

# 想象的翅膀

欲了解更多见解

# 01 不可见的电的形态

格奥尔格·克里斯托夫·利希滕贝格

（1742—1799 年）

高举真理火炬穿越人海，难免灼伤旁人眉须——此乃世间常态。

科学洞见

格奥尔格·克里斯托夫·利希滕贝格被视作德国第一位伟大的格言家，尽管他本来是数学家及物理学家。利希滕贝格是一个新教牧师的第十七个孩子，生于达姆城郊的上拉姆斯塔特。早在求学期间，他就去了哥廷根。自 1780 年起，他就在这里担任大学讲师并且直至去世都居住于此。儿时一次不幸的跌倒让这位学者患上侏儒症，还让他变成了驼背。尽管如此，因为他身上的优秀品质，同时代的人称赞他拥有"德国最幽默的头脑"，他的诸多文学评论让他成了这个时代的编年史作者。自 1778 年起，他负责编辑《哥廷根杂志》，他在多篇文章中化身德国启蒙时代成功的讽刺作家，不知疲倦地发表对迷信、偏狭和错误道德的强烈反对意见。他在所谓的"初稿"——也就是草稿本中，记录了许多现象和想法，这些内容直到他去世后才被公开。有几条的有效性是不受时代所限的，例如下面的论点（使用原版的标点）：

"我们无法与蠢人谈论智慧。能够理解智慧这件事就需要智慧。""有两条裤子的人就会拿其中一条来换钱，然后买下这本书。"

然而利希滕贝格的声誉不仅仅建立在他文学作品的基础上，还建立在他的"老本行"物理学的成就之上。当时，他是德国自然科学、天文学和数学的顶级教授。由于发现了引发激烈讨论的"利希滕贝格图样"，他声名大噪，包括他本人在内的科学家希望借助它加深对电的理解。首先，最为出名的莫过于利希滕贝格以"+"和"−"命名的两种不同电荷。1777 年，利希滕贝格对起电盘上堆积的一层厚厚的灰尘感到恼火，也正是这层灰尘让他发现了这种图样。起电盘是一种区分电荷，从而制造出高电压的装置。利希滕贝格想要把这个装置打磨得平整一些，这时，灰尘中突然显现了各种各样的图形——"小星星、整条银河和大一些的太阳，旁边有光线、细小的枝杈和小片的云"，利希滕贝格激动地将这个情况记录下来，这些图形可以媲美艺术家的"杰出作品"。

从科学的角度来看，这一现象的特殊之处在于，它显现了不可见的电的形态。在这一过程中，利希滕贝格发现正电荷呈星形而负电荷呈圆形。尽管这一点没能显现出多少电的性质，但是利希滕贝格没有忽略这个现象。譬如，他将本杰明·富兰克林发明的避雷针引入了德国。他称其为"恐惧驱赶器"，并且在哥廷根的园中小屋上安装了几个样品。

除自然科学发现之外，利希滕贝格还就该学科的思路进行了思考，做出了以下评论（如上使用原版标点）："自然研究及实验的经验积累得越多，理论就会变得越摇摆不定。但是不将它们立刻抛弃总是有好处的。因为每一个好的假说，都至少能够整合此前出现的现象并对其加以思考。我们尤其应当搁置与之冲突的经验，直到我们值得为它花费力气另起炉灶。"

经验与信念之间的鸿沟，促使利希滕贝格梦想能够总结出自然的一致性，这也表达了他的基本态度。他的观点的前提在于，由法国人安托万·拉瓦锡[1]的发现而获得关注的电与化学反应，在诸多无法解释的自然现象中扮演着无限重大的角色，同时代的

---

[1] 安托万·拉瓦锡（1743—1794年），法国贵族，著名化学家、生物学家，被广泛认为是人类历史上最伟大的科学家。

人都承认这一点。利希滕贝格相信，更精密的仪器能够显示目前未知的磁的形态。19世纪，电磁学理论的形式得到了认可。

1777年，利希滕贝格结识了玛利亚·多萝西娅·施泰夏德，他的伴侣，就像戈尔德·霍夫曼在小说《小施泰夏德》中所描写的那样。她死于1780年。2年后，玛加蕾特·伊丽莎白·凯尔纳成了利希滕贝格的女管家。不久，二人开始交往，这种关系直到1789年才合法化。利希滕贝格1799年去世的时候，身后留下了妻子和8个孩子。

大家一定会喜欢他的格言："我的确无法保证事情会变得更好，但是我敢说，如果事情会变好，那么它一定会与现在不同。"

## 02 以生物学的方法解读一切

让·皮亚杰

（1896—1980 年）

永葆童心。童年本是创造力之源——
成人若强授以道，孩童便失自探之途。

科学洞见

来自日内瓦的心理学家让·皮亚杰一生中着重研究了儿童心理发展以及人类的认知能力。依照皮亚杰自己提到的研究重点，后人称他为"遗传认识论"之父。皮亚杰认为知识与能力的界限是不断被超越的，在这个前提下，他从多方面进行了研究。在此过程中，尽管环境起到了基本的作用，但是所有的努力都是有可掌握的对象的。皮亚杰提出了"平衡"（Äquilibration）的过程，即主体适应环境的过程——也就是一种调节，这一过程中，主体以一种同化的方式对自身的认知发展进行控制与促进。

终其一生，皮亚杰都是自然科学与社会科学间的跨界工作者。驱使他的既有对形而上学的理解的需要，又有对借助实证研究获得具体知识的渴望，他的目标在于完成一套可靠的、有实验基础的理论。在出版于1973年的《智慧和哲学幻想》（*Weisheit und Illusionen der Philosophie*）一书中，皮亚杰讲述了他最初是如何为哲学思想的规约和前提所束缚的。就像今天的许多读者，比起自然科学史更喜欢阅读哲学史，但是他们会渐渐认识到，寻找知识的人很难在哲学的世界里得到满足。皮亚杰本想成为哲学家，最后却成了儿童心理学家——用他的话来说，就是"科学认识论者"。在上述的著作中，皮亚杰解释了原因。

皮亚杰自己就曾是一个极具天赋的孩子，他对儿童心理发展的兴趣当然也与此有关。1912年，少年皮亚杰就研读了法国哲学家亨利·柏格森[1]的著作《创造进化论》。读完后，他觉得"受到

---

[1] 亨利·柏格森（1859—1941年），法国哲学家，文笔优美，思想富于吸引力，曾获诺贝尔文学奖。

了深刻的启迪"。皮亚杰按照自己对柏格森思想的理解，决定"今后以生物学的方法解读一切事物及灵魂本身"。这一刻起，皮亚杰就将生命本身看作是一个创造性的过程，其中总会有新鲜的事物浮现出来。

中学毕业考试后，皮亚杰首先在日内瓦学习了生物学。1918年，他又来到了苏黎世，学习实验心理学的研究方法。他坚定了信念，在《儿童的世界观》（*Das Weltbild des Kindes*）一书中他写道，"在所有的层次（细胞、生物体、物种、概念、逻辑原则等）上，我们都会遇到部分与整体之间关系的问题"。根据分析，皮亚杰发现"哲学与生物学之间存在着如我所预期的紧密联系"。皮亚杰梦想"一种科学式的认识论存在的可能性"，他见证了这个梦想的实现。23岁的皮亚杰带着更高的追求来到巴黎，在这里，他终于为一生的科学研究找到了方向。

当时，心理学家们开始通过智力测试研究儿童。对调查表进行核查的过程中，皮亚杰很快被那些"错误的"答案所吸引；因为这些"错误"显然不是偶然出现的，它们在不同的年龄段具有典型的特征。例如，皮亚杰注意到，9岁或10岁之前的孩子是不能理解"所有的花都是红色的"和"有些花是红色的"这样的句子之间的区别的。他将硬币成对排成两列，发现4~5岁的儿童尽管知道两列的硬币数量相同，但是如果打破成对的布局，他们会觉得硬币的数量发生了改变。将其中一列间距加大，6岁的儿童仍会推测更长的一列里硬币更多。直到他们更大的时候，才会对硬币数量做出准确的判断，并且能够说出理由。皮亚杰也毫不犹像地在自己的3

个孩子身上进行了许多这类实验，一定也给家里带来了许多乐趣。

总之，皮亚杰很兴奋。他发现了"一种智力的认识论"，并且希望更详细地了解儿童大脑中思维的分类是如何产生的。人类智力可以将感知到的现实进行积极的构建——准确地来说是重建，他借此进行思考，并且坚持记录观察结果。皮亚杰出版了大量的著作，1947 年，他的后期著作《生物学与认知》（*Biologie und Erkentnis*）介绍了一项更先进的研究，他的目的是找出认知发展过程中所遵循的原则和规律。最后，他关注到了科学史与儿童精神发展的类比。例如儿童和原子有什么关系。皮亚杰思考了儿童的发展时期和人类史之间的联系。用皮亚杰的话来说，尽管许多人认为，"儿童在生命最初的 12 年里模仿了 3000 年来的研究成果……但是我更倾向于认为，科学史概括了个体的成长过程"。

# 03　人类造就了世界的样貌

以赛亚·伯林

（1909—1997 年）

人没有天生的本性，不论是固定还是变化，都是自己塑造的。人在塑造自己价值观的过程中，不断改变自己。

科学洞见

以赛亚·伯林并非科学家，他是一位哲学家，他曾致力于撰写一部思想史。这位来自俄罗斯的里加的学者在一战末与家人一同绕远路来到了伦敦。1932 年，他在大学城牛津的万灵学院获得了一份工作，并且在这里度过了人生的大部分时光，去世的时候他的年纪已经很大了。

起初，伯林研究的是俄罗斯以及俄罗斯相关的思想家，他首次发表的成果就是关于卡尔·马克思的。后来，因为他对积极与消极的自由的区分颇具争议，他的名字便也在同行之间流传开来。根据这种区分方式，人们首先应当提问，有几扇门是对一个人敞开的，这个人选择一扇门并且走进去之后又做了些什么。也就是说，伯林认为关键在于"外界约束下的自由"和"由自我决定存在的自由"，这里就不多加叙述了。我们更想讨论的是另一种与此相关的区分方法，它也与自然科学有关。

在研究思想史的过程中，伯林多次注意到"浪漫主义革命"（他有一篇文章也叫这个名字），因为在他看来，大家试图理解西方思想的时候，这一点没有得到足够的重视。"我们称之为浪漫主义的运动在极大的程度上改变了新时代的伦理与政治，这是我们至今都不知道的"，伯林在许多文章中强调了这一点。他首先肯定，浪漫主义者区分了事实与价值观，他们最初就澄清了"对于价值问题的回答根本无关乎特定的专业知识"，"因为每个理智的人（而且每个人都可以变得理智）都能自己找出这些基本道德问题的答案"。随后，他在关于"浪漫主义革命"的文章中表达了他的基本见解：

"第一，我相信特定的浪漫主义者已经抓住了人类世界观最为深刻的根基。也就是说，我们能够找到道德上的价值观，即对正义行为问题的回答及由此做出的决定。而且我相信这些思想家认为，有一些这样的问题是根本没有答案的，不管是主观的还是客观的、经验的还是先验的。第二，我相信他们绝对不会断定，价值之间不可能存在原则上的矛盾；也不会断定，价值间产生矛盾的时候存在和解的方法。而且他们认为，否定这些是一种自我欺骗，这种做法是幼稚、肤浅、可悲且必定是致命的。第三，我认为浪漫主义者依照其学说构建了一种新的价值体系，它与过去的体系互不相容，如今的大多数欧洲人都继承了这两种相互对立的传统。我们接受了这两种体系，并且在二者间跳来跳去，说实话，我们不可避免地逃避了每一次理智的决断。"

伯林谈到了价值的反转，它摧毁了传统世界观的三个基本观点。"首先，不论从数据还是从动态来看，人类的本质都不是单一的，因为人能够塑造自己。其次，描述这种价值的客观陈述体系是不可能存在的，因为这些价值并非被发现，而是被创造的。最后，对于不同的文明、国家及个体，这些价值不一定是一致的。"

基于这种关系，伯林提出了是否"知识总能与快乐相协调一致"，这个问题给他提供了讨论自然科学的契机。尽管这位哲学家没有明确提到这一点，但是它已经出现在了他的思考范围之内。在浪漫主义出现之前，人们首先相信"所有有意义的问题都是有答案的"；其次，人们认为"借助学到的或他人所教授的方法可以揭示这所有的答案"；其三，人们相信"所有这些答案必定相互协调统一"。为了获得这些答案，有一个方法"就是正确运用理性，像对待数学一般使用演绎法，抑或像对待自然科学一般使用归纳法"。

上面一段引用出自伯林的著作《浪漫主义的根源》(*Die Wurzeln der Romantik*)，他在书中总结说，"人类造就了世界的样貌"。这一思想在自然科学的实践中得到了应用。人类以其感兴趣的研究对象造就了自然科学的世界。自然科学从不进行发现，尽管这一点常常出现在消息不太灵通的哲学家的文章中。"物理学理论是人类精神的自主创造。"阿尔伯特·爱因斯坦总是强调这一点，用伯林的话来说就是科学运作于艺术的形式中。

研究者勾勒出他们想要掌握的对象，给予它们便于理解的形式，这种理解是他们所追求且所能达到的。科学的艺术性和创造性元素在量子力学中体现得再明显不过了。量子力学的创始人维纳·海森伯说过，只有人类观察者或科学家进行描述的时候，原子钟才会存在电子的轨道。自然科学界也有一场浪漫主义革命，只是大多数旁观者并未发现或理解这一点。

# 04 胡萝卜就是胡萝卜

安东·契诃夫

（1860—1904 年）

你想问我：生命是什么？这就像问：胡萝卜是什么？胡萝卜就是胡萝卜，无需多言。

科学洞见

安东·契诃夫并非科学家，也算不上西方人。这位备受尊崇的作家的名字总是出现在各种演出的剧目表上。1879 年，他在莫斯科国立大学攻读医学专业并取得学位。1890 年，他来到萨哈林岛，这里是囚犯和政治俘虏的流放地。契诃夫在萨哈林岛上度过了 3 个月，根据《萨哈林岛》（*Die Insel Sachalin*）一书中对他见闻的叙述，这段时间里，他当过医生、研究者及社会学家。

19 世纪 90 年代初，契诃夫就已经是全俄国最畅销的作家之一。1886 年，他开始发表短篇故事，他创作第一篇短篇小说的时候还在上学。契诃夫通过考试，在沃斯克列先斯克，即今天的伊斯特拉，成为一名医生，此后，他仍坚持写作。副业渐渐地成为主业，契诃夫觉得写作是自己的使命。

契诃夫专心写作，在梅利霍沃买了一幢房子。梅利霍沃是离首都莫斯科不远的一座村庄。他的几部著名作品都在这里完成，其中就有不断被搬上舞台的戏剧《海鸥》和《万尼亚舅舅》，以及短篇小说《黑修士》和《套中人》。契诃夫是一个热爱生活且风趣幽默的人，他的幽默感极佳，并且能够不知疲倦地娱乐大众，但同时他也感到孤独和焦虑。在他看来，只有勤劳地工作、为他人着想，才是一个正派的人。

契诃夫离开萨哈林岛回莫斯科的时候，穿过了印度洋，途经中国香港和新加坡。他接着驶向欧洲，穿过地中海来到黑海岸的敖得萨。当时，契诃夫并未在欧洲停留。直到 1891 年他才来到欧洲，与他的出版商一同游览了威尼斯、维也纳、佛罗伦萨和罗马，攀登了维苏威火山，穿过尼斯和蒙特卡洛到达巴黎。这个时候，他的剧作诸如《海鸥》《樱桃园》和《三姐妹》已经在莫斯科和圣彼得堡最大的舞台上上演。从剧目上演的次数来看，契诃夫的作品可以和威廉·莎士比亚比肩。

19世纪90年代，这位成功的作家及剧作家积极参与社会活动。他为建筑工人子女建立学校，参加街道建设，组织植树活动并且与1892—1893年侵袭俄罗斯的霍乱进行了抗争。

契诃夫喜欢称自己的剧作为喜剧，这让观众和读者感到不解。这些剧目并非什么滑稽戏，演出给观众带来的也不是充满笑声的欢乐夜晚。事实上他所说的是奥诺雷·德·巴尔扎克的"人间喜剧"——旨在关注人类的终极和人类的重大问题。契诃夫总是能够让这类庄严的事情沦为笑柄。在《海鸥》中，一个名叫"特里果林"的人物与一个名叫"妮娜"的女孩一起观察一只被人击落的海鸥。特里果林在本子上记下了些什么，妮娜问道："你在写什么？"他答道："我在记笔记……一片湖边，有一个小女孩从小就住在这里；她像海鸥那样爱着这片湖水，也像一只海鸥那样幸福和自由。但是，偶然来了一个人，看见了她，因为没有事情可做，就把她，像那只海鸥一样，给毁灭了。"

1898年，契诃夫结识了著名女演员奥尔格·克尼佩尔，她在他的剧目中扮演主要角色。1901年5月，二人举行了婚礼，但这却并不意味着他们能够生活在一起。契诃夫的健康状况遭受了很大的打击。他患上了肺结核，好几个月都只能待在雅尔塔，与妻子分离。此时他的妻子在莫斯科的演艺事业却取得了更大的成功。从两人当时往来的信件中可以明显看出，他们深爱着彼此，并且希望能够与对方团聚。

1904 年初，契诃夫的病情恶化了，他在妻子的陪同下，前往德国的疗养地巴登维勒。但是当时他已经病入膏肓，没人再能帮助契诃夫了。有一天，他要了一杯香槟，注视着它，一饮而尽，然后就死去了。在这之前，他对妻子说："你想问我：生命是什么？这就像问：胡萝卜是什么？胡萝卜就是胡萝卜，无需多言。"1 年后，对于"什么是光？"这个问题，阿尔伯特·爱因斯坦也会给出契诃夫的胡萝卜这样的答案。"光就是光，此外无他。"我们可以认识隐藏在光背后的一些奥秘。即使如此，有三样东西永远都是个谜——光、生命以及给光赋予了生命的胡萝卜。

引文出处

# 遥望星空

## 伽利略·伽利雷

»Ich fühle mich nicht zu dem Glauben verpflichtet, dass derselbe Gott, der uns mit Sinnen, Verstand und Vernunft ausgestattet hat, von uns verlangt, dieselben nicht zu benutzen.«

Aus Galileo Galilei, *Sidereus Nuncius – Nachricht von neuen Sternen*, Frankfurt am Main 1965.

## 约翰尼斯·开普勒

»Erkennen heißt, das äußerlich Wahrgenommene mit den inneren Ideen zusammenbringen und ihre Übereinstimmung beurteilen, was (man) sehr schön ausgedrückt hat mit dem Wort ›Erwachen‹ wie aus einem Schlaf.«

Zitiert nach Ernst Peter Fischer, *Die aufschimmernde Nachtseite der Wissenschaft*, Lengwil (CH) 1995.

## 艾萨克·牛顿

»In der Wissenschaft gleichen wir alle nur den Kindern, die am Rande des Wissens hie und da einen Kieselstein aufheben, während sich der weite Ozean des Unbekannten vor unseren Augen erstreckt.«

Aus der Newton-Biografie von Richard S. Westfall, *Never at Rest*, Cambridge 1980.

## 迈克尔·法拉第

»Es hat Gott gefallen, seine materielle Schöpfung mit Hilfe von Gesetzen zustande zu bringen. Der Schöpfer beherrscht seine materiellen Hervorbringungen durch definitive Gesetze, die durch die Kräfte zustande kommen, die auf die Materie einwirken.«

Aus Jost Lemmerichs Biografie *Michael Faraday*, München 1991.

## 詹姆斯·克拉克·麦克斯韦

»Vielleicht ist das ›Buch der Natur‹ (…) Seite für Seite ordentlich aufgebaut. Wenn das der Fall ist, dann (können) die Methoden, die uns in den ersten Kapiteln beigebracht worden sind (…) als Anleitung für die fortgeschrittenen Partien des Kurses dienen. Wenn es aber gar kein ›Buch‹ gibt, wenn die Natur nur ein Magazin ist, dann ist nichts dümmer als die Annahme, dass ein Teil Licht auf den anderen werfen kann.«

Aus der Biografie von C. W. F. Everitt, *James Clerk Maxwell – Physicist and Natural Philosopher*, New York 1975.

## 赫尔曼·冯·亥姆霍兹

»Das Gebiet, welches der unbedingten Herrschaft der vollendeten Wissenschaft unterworfen werden kann, ist leider sehr eng, und schon die organische Welt entzieht sich ihm größtenteils.«

Aus Hermann von Helmholtz, *Reden und Vorträge*, Bd. 1, Hamburg 2013.

## 路德维希·玻尔兹曼

»So lange die Alchimisten den Stein der Weisen suchten, die Kunst des Goldmachens anstrebten, waren alle ihre Versuche fruchtlos; erst die Beschränkung auf scheinbar wertlose Fragen schuf die Chemie.«

Aus Ludwig Boltzmann, *Populäre Schriften*, Braunschweig 1979.

## 海因里希·赫兹

»Wir machen uns innere Scheinbilder oder Symbole der äußeren Gegenstände, und zwar machen wir sie von solcher Art, dass die denknotwendigen Folgen der Bilder stets wieder Bilder seien von den naturnotwendigen Folgen der abgebildeten Gegenstände.«

Aus Albrecht Fölsings Biografie *Heinrich Hertz*, Hamburg 1997.

## 维尔纳·冯·西门子

»Es kommt nicht darauf an, mit dem Kopf durch die Wand zu rennen, sondern mit den Augen die Türe zu finden.«

Aus Martin Grünstäudl, *Die schönsten Zitate für Erfolg und Lebensglück*, Zwettl 2012.

## 马克斯·普朗克

»Es ist der fortgesetzte, nie erlahmende Kampf gegen Skeptizismus und gegen Dogmatismus, gegen Unglaube und gegen Aberglaube, den Religion und Naturwissenschaft gemeinsam führen, und das richtungsweisende Losungswort in diesem Kampf lautet von jeher: Hin zu Gott.«

Aus Max Plancks Rede »Religion und Naturwissenschaft«, enthalten in *Vorträge und Erinnerungen*, Darmstadt 1969.

## 阿尔伯特·爱因斯坦

»Das Schönste, was wir erleben können, ist das Geheimnisvolle. Es ist das Grundgefühl, das an der Wiege von wahrer Wissenschaft und Kunst steht. Wer es nicht kennt und sich nicht mehr wundern, nicht mehr staunen kann, der ist sozusagen tot und sein Auge ist erloschen.«

Aus Albert Einstein, »Wie ich die Welt sehe«, in: Ders., *Mein Weltbild*, 27. Aufl., Berlin 2001.

## 莉泽·迈特纳

»Die Wissenschaft (…) lehrt Menschen, Tatsachen anzuerkennen, sich wundern und bewundern können, gar nicht zu reden von der tiefen Freude und Ehrfurcht, die die Gesetzmäßigkeit des Naturgeschehens dem wahren Wissenschaftler schenkt.«

Enthalten in Ruth L. Simes Biografie *Lise Meitner. Ein Leben für die Physik*, Frankfurt am Main 2001.

## 玛丽·居里

»Gibt es etwas Schöneres als die unveränderlichen Regeln, die die Welt regieren, etwas Wunderbareres als den menschlichen Geist, der fähig ist, sie zu entdecken? Wie leer (…) scheinen Romane und Märchen neben diesen außerordentlichen Phänomenen, die durch harmonische Gesetze miteinander verbunden sind!«

Enthalten in Barbara Goldsmiths Biografie *Obsessiv Genius – The Inner World of Marie Curie*, New York 2005.

## 尼尔斯·玻尔

»Wir haben schmutziges Spülwasser und schmutzige Küchentücher, und doch gelingt es, damit die Teller und Gläser schließlich sauberzumachen. So haben wir in der Sprache unklare Begriffe und eine in ihrem Anwendungsbereich in unbekannter Weise eingeschränkte Logik, und doch gelingt es, damit Klarheit in unser Verständnis der Natur zu bringen.«

Berichtet von Werner Heisenberg in dessen Autobiografie *Der Teil und das Ganze*, München 1969.

## 维尔纳·海森伯

»Vielleicht wird bei der zukünftigen Gestaltung der Welt die Wissenschaft eine größere Rolle spielen als bisher; nicht so sehr deshalb, weil sie zu den Voraussetzungen der politischen Macht gehört, sondern weil sie die Stelle ist, an der die Menschen unserer Zeit der Wahrheit gegenübertreten.«

Aus dem nachgelassenen Manuskript »Ordnung der Wirklich-
keit«, in: Werner Heisenberg, *Gesammelte Werke*, Band CI, Mün-
chen 1984.

## 马克斯·玻恩

»Ich gehöre zu der Generation, die noch zwischen Verstand und
Vernunft unterscheidet. Von diesem Standpunkt ist die Raum-
fahrt ein Triumph des Verstandes und ein Versagen der Ver-
nunft.«

Aus Max Born, *Physik im Wandel meiner Zeit,* Braunschweig
1986.

## 沃尔夫冈·泡利

»Man darf auch einen Weltschöpfer nicht gefühlsmäßig *über-
fordern* mit Wünschen nach garantierter Gesundheit für Gerech-
te. Es gibt ja noch viele Dinge auf Erden, die so ein geplagter
Weltschöpfer berücksichtigen muss und die ich noch gar nicht
verstehe; da muss man schließlich froh sein, dass er es *so* weit ge-
bracht hat.«

Aus dem Essayband von Wolfgang Pauli, *Physik und Erkennt-
nistheorie,* Braunschweig 1984.

## 埃尔温·薛定谔

»Wenn wir unser wahres Ziel (unmittelbares, durchdringendes
und vollständiges Wissen) nicht für immer aufgeben wollen,
dann (müssen sich) einige von uns an die Zusammenschau von
Tatsachen und Theorien wagen, auch wenn ihr Wissen aus zwei-
ter Hand stammt und unvollständig ist – und sie Gefahr laufen,
sich lächerlich zu machen.«

Aus dem Vorwort zu Erwin Schrödinger, *Was ist Leben?,* Mün-
chen 1989.

## 维克托·魏斯科普夫

»Ich kann nicht ständig in der wissenschaftlichen Sphäre leben. Ich brauche den Wechsel zu anderen Perspektiven, wie sie die Musik und andere Künste bieten. Es gibt die Redensart, ›Morgens vollziehe ich die Kehrtwende vom Mysterium zur Realität, abends die Kehrtwende von der Realität zum Mysterium‹. Wir brauchen solche unterschiedlichen Zugänge.«

Aus Victor Weisskopfs Autobiografie *Mein Leben*, Bern 1991.

## 罗伯特·奥本海默

»In der Wissenschaft werden die tiefgehenden Dinge nicht gefunden, weil sie nützlich sind, sondern weil es möglich war, sie zu finden.«

Aus J. Robert Oppenheimer, *Atomkraft und menschliche Freiheit*, Reinbek 1957.

## 卡尔·弗雷德里希·冯·魏茨泽克

»Man wird nicht sagen dürfen, dass die Physik die Geheimnisse der Natur wegerkläre, sondern dass sie sie auf tieferliegende Geheimnisse zurückführe.«

Aus Carl Friedrich von Weizsäcker, *Zum Weltbild der Physik*, 3. Aufl., Stuttgart 1943.

## 理查德·费曼

»Wissenschaft ist wie Sex. Manchmal kommt etwas Sinnvolles dabei heraus. Dies ist aber nicht der Grund, warum wir es tun.«

Aus Richard P. Feynman, *Sie belieben wohl zu scherzen, Mr. Feynman*, München 1985.

# 科学之王

## 卡尔·弗里德里希·高斯

»Wie der Blitz einschlägt, hat sich das Räthsel gelöst; ich selbst wäre nicht im Stande, den leitenden Faden zwischen dem, was ich vorher wußte, dem, womit ich die letzten Versuche gemacht hatte – und dem, wodurch es gelang, nachzuweisen …«

Aus der Biografie von Hubert Mania, *Gauß*, 2. Aufl., Reinbek 2008.

## 戴维·希尔伯特

»Ein alter französischer Mathematiker hat gesagt: Eine mathematische Theorie ist nicht eher als vollkommen anzusehen, als bis du sie so klar gemacht hast, dass du sie dem ersten Mann erklären könntest, den du auf der Straße triffst.«

Aus David Hilbert, *Natur und mathematisches Erkennen*, Basel 1992.

## 诺伯特·维纳

»Eine Zivilisation schreitet durch die Zahl der wichtigen Operationen voran, die wir ausführen können, ohne darüber nachdenken zu müssen.«

Aus Norbert Wiener, *Mensch und Menschmaschine – Kybernetik und Gesellschaft*, Frankfurt am Main 1966.

## 艾伦·图灵

»A computer would deserve to be called intelligent if it could deceive a human into believing that it was human.« (»Man dürfte einen Computer intelligent nennen, sofern er einen Menschen dazu bringt, in ihm einen Menschen zu sehen.«)

Aus George Dyson, *Turings Kathedrale – Die Ursprünge des digitalen Zeitalters*, Berlin 2014.

### 康拉德·楚泽

»Die Gefahr, dass der Computer so wird wie der Mensch, ist nicht so groß wie die Gefahr, dass der Mensch so wird wie der Computer.«

　　Entnommen aus der *Hersfelder Zeitung*, Ausgabe vom 12. September 2005.

## 感受大自然

### 弗朗西斯·培根

»Menschliches Wissen und menschliche Macht treffen in einem zusammen; denn bei der Unkenntnis der Ursache versagt sich die Wirkung. Die Natur kann nur beherrscht werden, wenn man ihr gehorcht.«

　　Aus dem *Novum Organon* von 1620 (das Buch gibt es in vielen Neuauflagen).

### 本杰明·富兰克林

»Wer die Freiheit aufgibt, um Sicherheit zu gewinnen, wird am Ende beides verlieren.«

　　Aus Joachim Schaffer-Suchomel, Klaus Krebs und Rüdiger Dahlke, *Du bist, was du sagst*, München 2006.

### 亚历山大·冯·洪堡

»Die gefährlichste Weltanschauung ist die Weltanschauung der Leute, die die Welt nie angeschaut haben.«

　　Aus dem Band *Über die Freiheit des Menschen*, hrsg. von Manfred Osten, Frankfurt am Main 1999.

### 查尔斯·达尔文

»Als ich mich als Naturforscher an Bord des ›Beagle‹ befand, war ich aufs höchste überrascht durch gewisse Merkwürdigkeiten in der Verbreitung der Tiere und Pflanzen Südamerikas. (Mir) schienen diese Tatsachen Licht zu werfen auf die Entstehung der Arten, das Geheimnis aller Geheimnisse.«

Aus Charles Darwin, *Die Fahrt der Beagle*, Frankfurt am Main 2010.

### 康拉德·劳伦兹

»Die Wissenschaft kann nicht nur, sondern muss schlechterdings alles, was es in der Welt gibt, zum Gegenstand ihrer Forschung machen.«

Aus Konrad Lorenz, *Die Rückseite des Spiegels*, München 1973.

## 那些微小的生物

### 尤斯图斯·冯·李比希

»Die Wissenschaft fängt eigentlich da erst an interessant zu sein, wo sie aufhört.«

Aus William Brocks Biografie *Justus von Liebig*, Braunschweig 1999.

### 罗伯特·威廉·本生

»Ein Chemiker, der kein Physiker ist, ist gar nichts.«

Zitiert nach einer Gedenkrede an Robert W. Bunsen, zu finden in Ders., *Gesammelte Abhandlungen*, Leipzig 1904.

### 路易斯·巴斯德

»Wenn die Wissenschaft auch kein Vaterland hat, so soll der Wissenschaftler doch eines haben, und ihm soll er die Auswirkung zukommen lassen, die seine Arbeiten in der Welt haben können.«

Aus Gerald L. Geisons Biografie *The Private Science of Louis Pasteur*, Princeton 1995.

### 罗伯特·科赫

»Die Frage ist so gut, dass ich sie nicht durch meine Antwort ver-
derben möchte.«

Aus Rainer Oberthür, *So viele Fragen stellt das Leben*, Mün-
chen 2010.

### 鲁道夫·菲尔绍

»Es wird ja fleißig gearbeitet und viel mikroskopiert, aber es
müsste mal wieder jemand einen gescheiten Gedanken haben.«

Aus Manfred Vasolds Biografie *Rudolf Virchow – Ein großer
Arzt und Politiker*, München 1991.

### 威廉·康拉德·伦琴

»Ich dachte nicht, ich untersuchte.«

Aus Albrecht Fölsings Biografie *Wilhelm Conrad Röntgen –
Aufbruch ins Innere der Materie*, München 1995.

### 阿尔贝特·施韦泽

»Die Wissenschaft, richtig verstanden, heilt den Menschen von
seinem Stolz; denn sie zeigt ihm seine Grenzen.«

Zitiert nach der Albert Schweitzer Stiftung für unsere Mitwelt

## 生命是什么

### 马克斯·德尔布吕克

»Ich habe schon früh entdeckt, dass man als Wissenschaftler die
Welt stärker verändern kann als Cäsar. Und während man das
tut, kann man ganz ruhig in einer Ecke sitzen.«

Aus Ernst Peter Fischers Biografie *Licht und Leben (Max Del-
brück)*, Konstanz 1985.

### 西德尼 · 布伦纳

»Mit den schwierigen Fragen der Biologie muss man so umge-
hen, wie mit den Einkommenssteuern – man muss alles tun, um
ihnen aus dem Weg zu gehen. Nur Physiker streben nach der op-
timalen Lösung. Biologie ist die Kunst, eine zufriedenstellende
Antwort zu finden. Und zufrieden ist man, solange alle Enden
offen sind.«
Aus Sidney Brenner, *My Life in Science,* London 2001.

### 芭芭拉 · 麦克林托克

»Ein guter Biologe braucht ein Gefühl für den Organismus, den
er für seine Forschungen gewählt hat. Und Organismus – das
hört nicht mit einer Pflanze oder einem Tier auf. Jede Kompo-
nente des Organismus hat genau so viel von einem Organismus
an sich wie jeder weitere Teil.«
Aus Evelyn Fox Kellers Biografie *A Feeling for the Organism –
The Life and Work of Barbara McClintock,* San Francisco 1983.

### 詹姆斯 · 杜威 · 沃森

»If you are the smartest person in a room, you are in the wrong
room.« (»Wenn du der klügste Mensch in einem Zimmer bist,
dann bist du im falschen Zimmer.«)
Aus James D. Watson, *Gene, Girls and Gamow,* New York 2002.

### 弗朗西斯 · 克里克

»Was einen wirklich interessiert, ist das, worüber man plaudert.
Ohne zu zögern wandte ich den Test auf die Gespräche an, die
ich in letzter Zeit geführt hatte. Und binnen kurzem konnte ich
meine Interessen einengen.«
Aus Francis Cricks Autobiografie *Ein irres Unternehmen,* Mün-
chen 1990.

### 贾克·莫诺

»A curious aspect of the theory of evolution is that everbody thinks he understands it.« (»Ein seltsamer Aspekt der Evolutionstheorie ist, dass jedermann sie zu verstehen meint.«)

Aus Jacques Monod, *Zufall und Notwendigkeit,* München 1979.

### 弗朗索瓦·雅各布

»Wissen ist das wirksamste Mittel, das der Mensch gefunden hat, um neben Gott bestehen zu können.«

Aus François Jacobs Autobiografie *Die innere Statue,* Zürich 1988.

## 想象的翅膀

### 格奥尔格·克里斯托夫·利希滕贝格

»Es ist fast unmöglich, die Fackel der Wahrheit durchs Gedränge zu tragen, ohne jemandem den Bart zu sengen.«

Lichtenberg, *Sudelbuch* G, 1779–1788 [G 13].

### 让·皮亚杰

»Kind bleiben bis zum Ende. Die Kindheit ist das eigentliche Stadium der Kreativität (...) Alles, was man dem Kind beibringt, kann es nicht mehr selbst erfinden oder entdecken.«

Aus Jean Piaget, *Weisheit und Illusionen der Philosophie,* Frankfurt am Main 1974.

### 以赛亚·伯林

»Der Mensch hat keine eindeutige Natur, sei sie statisch oder dynamisch, denn er erschafft sich selber. Der Mensch erschafft seine eigenen Werte, und dabei verändert er sich.«

Aus Isaiah Berlin, »Die Revolution der Romantik«, in: Ders., *Wirklichkeitssinn,* Frankfurt am Main 1996.

## 安东·契诃夫

»Bis zu meinem letzten Atemzug werde ich fest glauben, dass die Wissenschaft das Wichtigste, das Schönste und das Notwendigste im menschlichen Leben, dass sie die höchste Offenbarung der Liebe ist.«

Zu finden unter gutzitiert.de.